AF235779

Jean-Pierre de Caussade

Hingabe ans Jetzt

Herausgegeben von Christian Tröster

Impressum

Bibliografische Information der Deutschen Nationalbibliothek:
Die Deutsche Nationalbibliothek verzeichnet diese Publikation in
der Deutschen Nationalbibliografie; detaillierte bibliografische
Daten sind im Internet über http://dnb.dnb.de abrufbar.

Umschlaggestaltung: Peter Plasberg

Herstellung und Verlag: BoD – Books on Demand, Norderstedt

ISBN: 978-3-7543-5198-7

Inhaltsverzeichnis

Vorwort des Herausgebers

Jean-Pierre de Caussades "Hingabe an Gottes Vorsehung" war ab dem Ende des 19. Jahrhunderts ein spiritueller Bestseller und man möchte hinzufügen: zu Recht. Der Autor entfaltet darin eine geistliche Unterweisung, die es, um auf unsere Zeit zu schauen, mit Werken wie Eckhart Tolles „Jetzt. Die Kraft der Gegenwart" oder Jeff Fosters „Radikales Erwachen" (um nur wenige zu nennen) aufnehmen kann. Es ist ein gut lesbares Werk, vielleicht eine Art Glücksbuch oder Lebensschule, ein Buch jedenfalls, das frei, oder wie der Autor sagen würde, „heilig" machen kann – wenn man sich denn auf dessen Lehre einlassen will. Das ist kein kleines Versprechen. Eine große Zahl von Lesern hat sich jedenfalls davon angesprochen gefühlt, bis in die 1980er Jahre hinein. Doch danach geriet das Buch in Vergessenheit. Seit Jahrzehnten ist es im deutschsprachigen Raum nicht mehr aufgelegt worden. Die wenigen gebrauchten Exemplare werden im Netz zu Mondpreisen angeboten, der Autor ist aus dem kollektiven Gedächtnis verschwunden. Wer außerhalb einiger Klostermauern kennt heute noch Jean-Pierre de Caussade?

Warum soll man dieses Buch überhaupt lesen? Wie gesagt, weil es glücklich und innerlich frei machen kann. Ist es auch für Leser geeignet, die sich nicht im Christlichen verorten? Den Versuch wäre es jedenfalls wert. Wahrscheinlich kommt es hier auf die Widerstände an, die Begriffe wie ‚Gott' oder ‚Glauben' bei manchem hervorrufen. Zum vorliegenden Buch kann man jedenfalls anmerken: Kaum je ist eine christliche Lebensschule so undogmatisch, freiherzig und wahrhaftig formuliert worden. An keiner Stelle geht es um Glauben *an* irgendetwas, seien es Namen, Dogmen, Lehren oder Geschichten. Sondern um den Glauben als Urvertrauen und Lebenskraft, die jedem und darunter nach Aussage des Autors auch ausdrücklich den „schlichten Seelen" gegeben ist – also jenen, die nicht Theologie studiert haben und sich für dergleichen auch nicht interessieren. Und weiter: Was ist mit der Sprache des 18. Jahrhunderts? Wie umgehen mit Begriffen wie „Heiligkeitsschimmer", „Geschöpflichkeit" oder „Standespflichten". Das mag an manchen Stellen altbacken klingen und sogar bedrohlich, wenn man Formulierungen liest wie: „Halten Sie sich niedrig" oder „verdemütigen Sie sich", verbunden mit der Aufforderung zu „heiliger Selbstverachtung". Hier heißt es, genau hinzuschauen und sich nicht von historischen Begrifflichkeiten verwirren zu lassen. Sie dominieren dieses Buch keineswegs. Zudem lassen sie sich in moderne Terminologie übertragen, man könnte an solchen Stellen vielleicht von den Instanzen des „Ego", des „Über-Ich" und des wahren, des göttlichen Selbst sprechen. Ablesbar wird das an de Caussades Ratschlägen, die sich gegen Selbstanklagen und moralischen Rigorismus richten. So befindet er, dass das „Unbehagen, das aus der Häufigkeit unserer kleinen Übertretungen entspringt" vom Bösen herrühre. Wir müssten also, so schreibt er, jenes „als eigentliche Versuchung bekämpfen." Wohlgemerkt, nicht derjenige, der Fehler begangen hat, ist hier angeklagt, er ist entlastet. Allein seine Moralvorstellungen und Ansprüche werden als das Übel identifiziert und sie sind es, die zu bekämpfen seien. Die genannte „Verdemütigung" bezieht sich also an keiner Stelle auf eine Unterwerfung unter eine moralisierend kontrollierende Instanz und schon gar nicht auf äußere Autoritäten. Sondern auf eine Akzeptanz des Lebens, eine Akzeptanz der Wirklichkeit, in der sich Gottes Wille von Augenblick zu Augenblick ausdrückt.

Einige der Begriffe werde ich weiter unten zum besseren Verständnis erläutern. Andere habe ich, ausgehend von einer älteren deutschen Übersetzung, durch zeitgemäßere ersetzt. Dazu weiter unten ebenfalls ein paar Anmerkungen.

Worum geht es in diesem Buch? Die Grundthemen, die de Caussade hier entfaltet, heißen: Gegenwart, Hingabe (oder Unterwerfung), Heiligkeit und Pflicht. In spiritueller Lektüre bewanderte Leser werden darin unschwer Begriffe aufscheinen sehen, die in östlich orientierten Lehren eine Rolle spielen: Präsenz (Presence), Surrender (Unterwerfung), Erleuchtung, Erwachen, Bhakti (hingebende Liebe) und Dharma (die richtige Lebensweise). „Nicht dieses oder jenes bringt segensreiche Wirkungen", so schreibt Jean-Pierre de Caussade, „sondern das, was Gott im Augenblick will. Was im verflossenen Moment am besten war, ist es gegenwärtig nicht mehr. Der Wille Gottes fehlt nun. Er erscheint jetzt in anderer Gestalt, nämlich als Pflicht des gegenwärtigen Augenblicks. Und diese Pflicht, in welcher Gestalt auch immer sie aufritt, bildet das, was die Seele zur Zeit am meisten heiligt." Klarer kann man aus religiöser Sicht den Aufruf nicht formulieren, „ganz in der Gegenwart zu leben". Jean-Pierre de Caussade steht damit in einer Reihe mit den großen Meistern der Spiritualität. Eckart Tolle mit seiner „Kraft der Gegenwart" hatten wir schon erwähnt. Viel früher schon sagt Meister Eckhart, „Zeit ist das, was das Licht von uns fernhält. Es gibt kein größeres Hindernis auf dem Weg zu Gott als die Zeit." Und der Poet Rumi schreibt: „Vergangenheit und Zukunft verbergen Gott vor unserer Sicht." In unserer Zeit hat Franz Jalics, der große Lehrer des kontemplativen Gebets, in seinen Exerzitien immer wieder betont, dass der Übende „immer wieder in die Gegenwart zurückkommen" solle, wenn die Gedanken mal wieder auf Wanderschaft waren. „Lege dein Herz in diesen einzigen Augenblick," sagt er, „lasse dich ganz auf die Gegenwart ein. In der Gegenwart selbst ist die Gegenwart Gottes verborgen. Von dort wird sie offenbar werden. Die Gegenwart ist der Acker, in dem der Schatz verborgen ist (Mt 13,44). Kaufe diesen Acker und du wirst nicht enttäuscht werden."[1]

---

[1] Franz Jalics, Kontemplative Exerzitien, Echter Verlag, 1994, S. 195

Die Gegenwart also als Schlüssel zu einem erfüllten und glücklichen Leben. Jean-Pierre de Caussade ist dafür ein Apologet hohen Ranges. Der Begriff „Sakrament des gegenwärtigen Augenblicks" gilt als seine Erfindung. Mit all seiner Eloquenz und spirituellen Erfahrung entfaltet er dieses Leitmotiv in immer neuen Facetten. Dass die „Hingabe an die Vorsehung Gottes" in gewisser Weise ein monothematisches Werk ist, hat schon der Theologe Romano Guardini festgestellt. „Die Bände sagen im Grund immer das Gleiche", schreibt er, „da es aber wahrhaft einfach ist, bleibt es stets neu."[2] Tatsächlich sind de Caussades Ausführungen lebendig, wirklichkeitsnah und von einer Radikalität, die auch dem Geist des 21. Jahrhunderts einleuchtet. Das liegt zum einen daran, dass das, was er uns empfiehlt, selbst erlebt, durchlitten und durchmeditiert hat, unter anderem während einer rasch fortschreitenden Erblindung, die ihn in seiner Arbeit behinderte. Zum zweiten war das vorliegende Buch von ihm gar nicht als solches gedacht. Grundlage sind Briefe, die er als Beichtvater und Seelsorger an Schwestern des Visitantinnenklosters in Nancy schrieb – daher die direkte Ansprache der Leserin, daher die anschaulichen Bilder.

Jean-Pierre de Caussade wurde 1675 in Cahors, in der französischen Provinz Okzitanien, geboren und trat, kaum zwanzig Jahre alt, in den Jesuitenorden ein. Nachdem er 1705 zum Priester geweiht worden war, arbeitete er zunächst acht Jahre lang als Lehrer an verschiedenen Gymnasien seines Ordens. Dann begann er seine Arbeit als Prediger, Exerzitienleiter und Beichtvater. Ab 1741 war er Oberer der Ordenskollegien in Perpignan und Albi, er starb er 1749 oder 1751 in Toulouse. Zu Lebzeiten hat er nur eine einzige Schrift veröffentlicht, sie handelt von den verschiedenen Stufen des Gebetes nach der Lehre von Jacques Bénigne Bossuet,

---

[2] in J.P. de Caussade, Ewigkeit im Augenblick, Herder Verlag 1940, S. 1

einem Theologen des 17. Jahrhunderts. Weil aber die Empfängerinnen seiner Briefe die Tiefe und Kraft seiner Formulierungen erkannten und wertschätzten, kopierten sie daraus längere Passagen für den Hausgebrauch. Diese Fragmente verschwanden in den Archiven und wurden erst hundert Jahre später in einem Pariser Kloster wiederentdeckt. Ein Ordensbruder von Jean-Pierre de Caussade, Pater Henri Ramière S.J. veröffentlichte sie Mitte des 19. Jahrhunderts. Eine Auswahl dieser Schriften gliederte er zudem thematisch und publizierte sie im Jahr 1860 unter dem Titel „L'Abandon à la Divine Providence" (Hingabe an die göttliche Vorsehung) – ein in hohen Auflagen publizierter spiritueller Bestseller war geboren.

Das unausgesprochene Thema: Eine Anleitung zum Glücklichsein, die Entwicklung einer Lebenshaltung in Bezug auf Gott, aber ohne viel Theologie oder Bibelstudium. Warum, so fragt er, sollte man das Höchste, Gott, nur im Studium der Heiligen Schrift finden können, nicht aber in Seinen anderen Werken? Es geht doch um unser Leben! Die Bibel, so schreibt Jean-Pierre de Caussade, „sie ist Gotteswort; alles darin ist heilig und wahrhaft. Versteht man sie nicht, so empfindet man davor nur um so größere Ehrfurcht. Man preist die Tiefen der göttlichen Weisheit und lässt ihr volle Gerechtigkeit widerfahren. Mit Recht! Doch das, was Gott zu euch spricht..., die Worte, die er von Augenblick zu Augenblick formt, die nicht Tinte und Papier zur Unterlage haben, sondern das, was ihr leidet, was ihr fortwährend zu tun habt: Verdienen diese kein Echo von eurer Seite? Warum achtet ihr nicht auch darin Gottes Wahrheit und Gottes Willen? Aber hier missfällt euch alles; hier bekrittelt ihr alles. ... Begreift ihr nicht, dass ihr zwar mit dem Auge des Glaubens das Gotteswort in der Heiligen Schrift verfolgt, aber es ganz zu Unrecht mit anderen Augen lest in seinen übrigen Werken?"

Zusätzlich zu den bekannten vier Evangelien proklamiert Jean-Pierre de Caussade deshalb keck ein weiteres, das „Evangelium des Heiligen Geistes": „Der Heilige Geist setzt das Werk des Erlösers fort. ... Er schreibt es in den Herzen. Alle Handlungen, alle Augenblicke der Heiligen bilden dieses Evangelium des Heiligen Geistes. Die heiligen Seelen sind das Papier, ihre Leiden und Taten dienen als Tinte." Und die Heiligen, das wird Jean-Pierre de Caussade nicht müde zu betonen, sind nicht irgendwelche herausgehobenen Figuren der Geschichte, sondern wir: Jeder und Jede, beginnend bei den Empfängerinnen der Briefe bis zu uns, die wir heute diese Zeilen lesen. Die Heiligkeit, so schreibt er, „erschöpft sich darin, dass man einfach hinnimmt, was sich meistens doch nicht vermeiden lässt, und dass liebend erduldet wird − mit freudiger Zuversicht und Gelassenheit nämlich −, was wir sonst nur allzu oft widerwillig ertragen. ... Darin besteht das Senfkorn, dessen Früchte wir deshalb nicht ernten, weil wir es ob seiner Kleinheit übersehen. Das ist die Drachme des Evangeliums, die Kostbarkeit, die wir nicht finden, weil wir sie zu entfernt glauben, um ernstlich danach zu suchen. Fragt mich nicht nach dem Geheimnis, diese Kostbarkeit zu heben. Es handelt sich um gar kein Geheimnis. Diese Kostbarkeit ist überall; allezeit und allerorten liegt sie vor uns offen. Die uns wohlwollenden und die uns übelwollenden Geschöpfe verschwenden sie mit vollen Händen."

Erleuchtung, Erwachen oder eben Heiligkeit, so kann man seine Lehre zusammenfassen, besteht im Leben hier und jetzt, abzüglich des Widerstands dagegen. Für alles weitere, so schreibt Romano Guardini, befreit de Caussade seine Leserinnen „von der Tyrannei der Methoden".[3] Sowohl die „wohlwollenden" wie die „übelwollenden Geschöpfe" sind als Gesandte Gottes anzusehen, „offenbar können wir uns nicht leichter, nicht wirksamer und nicht nachhaltiger heiligen als durch den schlichten Gebrauch all

---

[3] ebd. S. 19

dessen, was Gott, der oberste Seelenführer, uns jeden Augenblick zu tun oder zu leiden gibt." Die Betonung liegt dabei auf „jeden Augenblick", also jetzt – nicht aber in der Vergangenheit oder Zukunft. Die eine ist verschwunden, die andere nur eine Idee. Einzig der gegenwärtige Augenblick gibt uns die Möglichkeit, an unserer Vervollkommnung und Heiligung zu arbeiten, das heißt sich völlig Gottes Willen hinzugeben. Daher besteht meine ganze Vollkommenheit darin, dass ich im gegenwärtigen Augenblick in uneingeschränkter Übereinstimmung mit dem Willen Gottes bin und handle. Was aber soll dieser so geheimnisvolle Wille Gottes sein? Wie sollen wir ihn erkennen können?

De Caussade findet dafür die radikalst mögliche und zugleich einfachste unter allen Antworten. Gottes Wille ist das, was ist. Um Gottes Willen zu entsprechen und unseren eigenen Willen dem Gottes gleich zu machen, bedarf es nichts anderes, als der Zustimmung. Oder anders ausgedrückt: das zu wollen, was Gott will; das zu wollen, was sich jetzt als Wirklichkeit vorfindet: „Nur durch die Fülle des gegenwärtigen Augenblicks vermag die Seele wahrhaft genährt, gekräftigt, gereinigt, bereichert und geheiligt zu werden. Was verlangst du also noch mehr? Da du alle Güter darin findest, warum sie anderswo suchen? Verstehst du es besser als Gott? Da er es so fügt, wie kannst du es anders wollen?" Und weiter: „Um das alles heiligmäßig zu vollbringen, habt ihr nur eure Einstellung zu ändern. Euren Willen nämlich. Darin besteht die Heiligkeit: zu wollen, was uns auf Gottes Anordnung hin trifft. Die innere Heiligkeit liegt tatsächlich in einem einfachen „es geschehe", in einer bloßen Willenshaltung, die mit derjenigen Gottes übereinstimmt. Was gibt es Leichteres? Wer könnte einen so liebenswerten und gütigen Willen nicht lieben? Lieben wir ihn also; und durch diese bloße Liebe wird alles in uns vergöttlicht." Die hier geforderte Haltung ist kilometerweit von einer möglicherweise resignativen Akzeptanz entfernt. Die Rede ist von einer aktiven Bejahung der Wirklichkeit: Das zu wollen, was ist! Nur so und nicht anders kann sich – es entbehrt nicht der Logik – das Diktum von de Caussades Ordensgründer Ignatius von Loyola erfüllen: Gott in allen Dingen finden.

Und de Caussade hat noch eine andere gute Nachricht: Das hier vorgeschlagene ist einfach: „Wie beglückte sie (die Vorväter) diese Einsicht! Welchen Trost und welchen Mut schöpften sie aus dem Gedanken, dass die Freundschaft mit Gott samt der himmlischen Glorie dadurch zustande kommt, dass sie nicht mehr tun, als was sie ohnehin tun müssen; dass sie nicht mehr leiden, als was sie ohnehin zu leiden haben; dass das, was sie verschleudern und für nichts achten, genügte, um eine gewaltige Heiligkeit aufzubauen! Herr, könnte ich doch zum Künstler dieses heiligen Willens werden! Allen möchte ich beibringen, dass nichts Leichteres, Alltäglicheres, Gegenwärtigeres in unsere Hand gelegt ist als die Heiligkeit."

Dem aufmerksamen Leser wird vielleicht aufgefallen sein, dass die empfohlene Haltung dem entspricht, was oft als Anleitung zur Meditation oder zum kontemplativen Gebet gesagt wird: Alles da sein lassen, wie es ist, sich an keinem Gedanken festhalten (weil es unweigerlich in die Vergangenheit oder die Zukunft führt), keinen Gedanken zurückweisen (weil er nun eben mal da ist), allem zustimmen, weil sich darin die Gegenwart und das Wirken Gottes ausdrückt. So jedenfalls hat es F. Thomas Keating OCSO (1923-2018) in seinen Anweisungen zum „Gebet der Sammlung" zusammengefasst und damit eine in unserer Zeit weit verbreitete kontemplative Bewegung ins Leben gerufen.[4]

Interessant ist allerdings, dass Jean-Pierre de Caussade kaum eine Anleitung zum kontemplativen Gebet gibt. Zwar betont er den Wert der Kontemplation, sie nimmt für ihn sogar „den ersten

---

[4] Thomas Keating, Das Gebet der Sammlung. Einführung und Begleitung des kontemplativen Gebetes, Vier Türme Verlag, 2010

Rang unter allen Hilfsmitteln ein." Aber, das ist die entscheidende Aussage: Die Kontemplation bewirke die Gottverbundenheit nicht anders als alle übrigen Dinge, die Gottes Anordnung entsprechen. Ihm gelten also nicht nur alle Gebetsformen als gleichwertig (ein Gedanke, der sich übrigens auch bei Thomas Keating findet). Sondern das ganze Leben soll in einer kontemplativen Haltung gelebt werden. Entsprechend empfiehlt er, alle Gemütszustände und Ereignisse des Lebens als gleichwertig anzusehen, nicht nur während der Meditationszeiten: „Ich predige also die Hingabe, teure Liebe, und nicht einen besonderen Zustand. Ich liebe alle Zustände, in die deine Gnade die Seelen versetzt, und ziehe keinen dem andern vor." Und weiter: „Alle körperlichen Zustände werden unter seinem (Gottes) Einfluss zu Gnadenerweisen. ... Geht es um den Namen des Zustandes, um seinen Unterschied andern Zuständen gegenüber und um seine Vorzüge? Nein, es handelt sich vielmehr um Gott selbst und sein Wirken. Der Art und Weise muss die Seele gleichgültig gegenüberstehen."

Eine Schule, ein Handbuch nicht für das kontemplative Gebet, wohl aber für die kontemplative Lebenshaltung formuliert zu haben, darin liegen die Kraft und der bleibende Wert von de Caussades Schriften. Wie sehr er damit (meist ziemlich im Verborgenen) sogar in unserer Zeit gewirkt hat, zeigt sein Einfluss auf den britischen spirituellen Lehrer Douglas Harding (1909-2007). Harding ist einer der originellsten mystischen Denker der Neuzeit. Er, der die Texte des Zen, des Buddhismus, des Tao und des Advaita studiert hat, bezeichnet de Caussade als „die große christliche Autorität für Hingabe". In diesem Zusammenhang beschreibt er seinen eigenen, tiefsten Durchbruch als die Erkenntnis, „dass die tiefste Sehnsucht darin besteht, dass alles so sein soll, wie es ist – weil man sieht, dass alles aus der eigenen wahren Natur, dem gewahren Raum fließt". Und weiter: „Wie wird der Durchbruch vollzogen? Was kann man tun, um sich ihm zu nähern?

Gewissermaßen gar nichts. Es ist kein Tun, sondern ein Nichttun, ein Aufgeben, ein Loslassen der falschen Überzeugung, dass hier jemand ist, der loslassen kann." Was ihn schließlich zu der Aussage bringt, „dass man nichts und alles im tiefsten Grunde bereits *will*. ...Dass immer dann, wenn wir fähig sind JA! zu unseren Lebensumständen zu sagen und alles, was auch immer passiert, aktiv zu wollen (statt sich passiv in die Umstände zu fügen), jene echte und dauerhafte Freude aufkommt, die in der östlichen Tradition *ananda* genannt wird."[5] Jean-Pierre de Caussade hätte sich in diesen Formulierungen gewiss wiedergefunden.

Christian Tröster

---

[5] Douglas Harding, Die Entdeckung der Kopflosigkeit. Einfach sehen, wer ich wirklich bin. Omega Verlag, 2013, S. 133-137

Ein paar Anmerkungen zu den Begrifflichkeiten. Diese Ausgabe ist inspiriert von einer älteren Übersetzung ins Deutsche, sie stammt wahrscheinlich aus den 1940er Jahren. Ich habe die Übersetzung überarbeitet und zentrale Begriffe unter Rückgriff auf das französische Original aktualisiert. Im Folgenden eine Liste einiger Nomen und Verben.

Französisches Original	Übersetzung 1940er Jahre	Aktuelle Übersetzung
contemplation	Beschauung	Kontemplation
paroles intérieures	Einsprechung	Eingebung
l'attachement	Anhänglichkeit	Anhänglichkeit/ahaftung
détachement	Losschälung	Entsagung/Nichtanhaftung/ Loslösung
détaché	losgeschält	losgelöst, frei
lecture	Lesung	Schriftlesung/Schriftmeditation

Die ältere deutsche Übersetzung verwendet für das französische Wort „l'ordre" durchgängig den Begriff „Anordnung". Dies hat nicht nur einen gewissen Charme dadurch, dass darin die Worte „Ordnung" und „Befehl" enthalten sind, sondern es entspricht auch dem französischen Begriff, der die gleiche zweifache Bedeutung hat. De Caussade schreibt dazu: „Ob man sagt, die Anordnungen Gottes oder das Wohlgefallen Gottes oder der Wille Gottes oder das Wirken Gottes oder die Gnade, so kommt das in diesem Leben auf eins heraus."

Auch die weiterhin verwendeten Begriffe „Pflichten" und „Standespflichten" bedürfen möglicherweise der Erläuterung. Das Wort „Standespflichten" entspricht den Realitäten einer ständisch organisierten Gesellschaft im 18. Jahrhunderts. Heute würde man darunter allgemeiner die „Einhaltung der Regeln und Gesetze" verstehen. Unter „Pflichten" versteht Jean-Pierre de Caussade die praktischen Notwendigkeiten des Alltags, die nicht nur nicht zu vernachlässigen sind, sondern als der aktive Teil der Heiligung anzusehen sind. In spirituellen Kreisen, die von Buddhismus oder indischer Spiritualität beeinflusst sind, findet man dafür heute gelegentlich den Begriff Dharma.

Den Titel „Hingabe ans Jetzt" verstehe ich als eine Aktualisierung des hergebrachten „Hingabe an Gottes Vorsehung". Den Eingriff habe ich mir auch deshalb erlaubt, da der ältere Titel nicht von Jean-Pierre de Caussade selbst stammt, sondern von Henri Ramière. Im Deutschen war über längere Zeit auch eine von Romano Guardini herausgegebene Auswahl mit dem Titel „Ewigkeit im Augenblick" erhältlich.

C.T.

DIE TUGEND DER HINGABE

1.1. Heilig ist, wer Gottes Anordnungen treu entspricht und sich seinem Wirken überlässt

Noch heute redet Gott zu uns, so wie er zu unseren Vorvätern redete, als man weder Seelenführer noch Methoden kannte. In der Treue gegenüber Gottes Anordnungen sah man das geistliche Leben enthalten. Noch war es nicht zu einem Lehrgebäude verarbeitet, mit hochtönenden und ins Einzelne gehenden Darlegungen, zahlreichen Vorschriften, Anweisungen und Grund-sätzen. Gewiss, unsere gegenwärtigen Bedürfnisse erfordern das. Ursprünglich war es anders. Die Einstellung war früher geradliniger und einfacher. Man begriff, dass jeder Augenblick eine Pflicht mitbringt, die es mit Treue zu erfüllen gilt. Das genügte den religiösen Menschen von damals. Dieser Pflicht galt unausgesetzt ihre ganze Aufmerksamkeit, dem Uhrzeiger gleich, der Minute für Minute die Strecke bestreicht, die er zu durchlaufen hat. Der Geist jener Frommen stand fortwährend unter dem göttlichen Einfluss. Unmerklich war er stets dem neuen Gegenstand zugewandt, der ihnen nach Gottes Anordnung zu jeder Stunde des Tages begegnete. Hier lagen die geheimen Triebfedern des Wandels Marias. Sie war von allen Geschöpfen am einfachsten und am meisten Gott hingegeben. Ihre Antwort an den Engel, als sie ihm nur sagte: „Fiat mihi secundum verbum tuum – Mir geschehe nach deinem Wort", spiegelt die gesamte mystische Seelenhaltung ihrer Vorfahren. In dieser lief, wie es heute noch der Fall sein soll, alles auf eine ganz reine und ganz einfache innere Hingabe an Gottes Willen hinaus, in welcher Gestalt er sich auch offenbaren mochte. Dem gesamten Seelenleben Marias lag diese schöne und erhabene Einstellung zugrunde. Sie leuchtet wunderbar auf in dem schlichten Wort: „Fiat mihi – Mir geschehe". Bezeichnenderweise deckt sich dieses Wort mit jenem anderen, das unser Herr unablässig auf unseren Lippen und in unserem Herzen sehen will:

„Fiat voluntas tua — Dein Wille geschehe." Was von Maria im glorreichen Augenblick der Verkündigung verlangt wurde, ehrte sie zwar über die Maßen. Doch all dieser Ruhmesglanz hätte keinen Eindruck auf sie gemacht, wenn nicht der Wille Gottes, der allein sie zu bewegen vermochte, dahinter gestanden hätte. Dieser göttliche Wille leitete sie in allem. Mochten ihre Beschäftigungen alltäglich oder ungewöhnlich sein: In ihren Augen waren es bald unscheinbare, bald glänzende Umhüllungen, die sie gleicherweise zum Lobe Gottes zu verwenden verstand und die gleicherweise ihr das Wirken des Allmächtigen offenbarten. Marias freudetrunkener Geist betrachtete alles, was sie im Augenblick zu tun oder zu leiden vorfand, als Gabe desjenigen, der mit seinen Gnaden das Herz aller erfüllt, die von ihm allein zehren und nicht von weltlichen Gestalten oder Hüllen leben.

Die Kraft des Allerhöchsten wird dich überschatten", sprach der Engel zu Maria. Dieser Schatten, hinter dem sich die Kraft Gottes verbirgt, um Jesus Christus in der Seele zu gestalten, besteht in den Pflichten, Freuden und Kreuzen des Augenblicks. Es handelt sich dabei tatsächlich nur um Schatten, denen gleich, die in der natürlichen Ordnung so heißen, und die sich über die sichtbaren Gegenstände wie ein verhüllender Schleier legen. Ähnlich hüllen in der sittlichen und übernatürlichen Ordnung die Pflichten des Augenblicks unter ihrem unscheinbaren Äußeren den wahren Willen Gottes ein, der allein unsere Aufmerksamkeit verdient. Auf diese Weise betrachtete Maria ihre Pflichten. Als deshalb diese Schatten sie in Anspruch nahmen, ließ sie sich davon nicht täuschen; vielmehr kam sie dadurch im Glauben dem näher, der sich stets gleichbleibt. — Zieh dich zurück, Erzengel, du bist nur ein Schatten; dein Augenblick verrinnt und du verschwindest; Maria lässt dich hinter sich; sie strebt immer vorwärts; fortan stehst du ihr fern. Der Heilige Geist jedoch, der sie mit seiner sichtbaren Sendung soeben erfüllt hat, wird sie nie mehr verlassen. Im äußern Leben der allerseligsten Jungfrau finden sich nicht viele ungewöhnliche Züge. Wenigstens hebt die Heilige Schrift sie nicht hervor. Marias Leben wird darin als äußerlich sehr einfach und gewöhnlich geschildert. Sie tut und erleidet, was Leute ihres Standes eben tun und erleiden. Wie andere Verwandte besucht sie ihre Cousine Elisabeth. Sie sucht ein Obdach in einem Stall, veranlasst durch ihre Armut. Sie kehrt nach Nazareth zurück, nachdem die Verfolgung des Herodes sie von dort vertrieben hatte. Jesus und Joseph leben daselbst mit ihr von ihrer Hände Arbeit. So sah das tägliche Brot der Heiligen Familie aus. Doch mit welcher Himmelsspeise nährte dieses sichtbare Brot den Glauben Marias und Josephs? Was verwandelte all ihre geheiligten Augenblicke in ein Gnadenmittel? Welche Gnadenfülle barg jeder Augenblick unter der unscheinbaren Gestalt der Geschehnisse, die sich darin abspielten? Was daran sichtbar war, glich dem, was anderen Menschen auch zustößt. Das Unsichtbare aber, das der Glaube darin entdeckte und daraus herausschälte, war nichts weniger als Gott selbst: Gott, der ganz große Dinge vollbringt. O Brot der Engel, himmlisches Manna, Perle des Evangeliums: Gnadenmittel des gegenwärtigen Augenblicks! Du vermittelst Gott in so unscheinbarer Gestalt, wie Krippe, Heu und Stroh es sind. Wem schenkst du Gott so? „Esurientes reples bonis — Die Hungrigen erfüllst du mit Gütern." Gott offenbart sich den Kleinen in den kleinsten Dingen, wogegen die Großen, die nur auf die Schale sehen, ihn nicht einmal in den großen Dingen finden.

Wenn uns das Werk unserer Heiligung scheinbar unüberwindliche Schwierigkeiten bietet so kommt das vom falschen Begriff her, den wir uns von der Heiligkeit machen. In Wirklichkeit lässt sich die Heiligkeit auf einen einzigen Punkt zurückführen: Gottes Anordnungen treu entsprechen. Diese Treue ist aber, sowohl im Tun wie im Lassen, allen gleicherweise möglich. Im Tun treu sein heißt, die Pflichten erfüllen, die uns durch die allgemeinen Gebote Gottes und der Kirche sowie durch unseren

Stand auferlegt werden. Im Lassen sind wir treu, wenn wir alles liebend hinnehmen, was uns Gott jeden Augenblick schickt. Welche dieser beiden Seiten der Heiligkeit ginge über unsere Kräfte? Nicht die Treue im Tun; denn die Pflichten, die sich daraus ergeben, binden uns von dem Augenblick an nicht mehr, wo etwas unsere Kräfte wirklich übersteigt. Erlaubt dir z. B. dein Gesundheitszustand nicht, der Messe beizuwohnen, so bist du nicht mehr dazu gehalten. Ebenso verhält es sich mit allen anderen positiven Vorschriften, d.h. mit solchen, die uns irgendwelche Pflicht auferlegen. Nur die Gebote, die etwas in sich Schlechtes untersagen, dulden keine Ausnahme; denn nie kann es erlaubt sein, etwas Schlechtes zu tun. Gibt es nun etwas Leichteres und Vernünftigeres? Welche Entschuldigung ließe sich dagegen vorbringen? Und das ist nun alles, was Gott von der Seele beim Werk ihrer Heiligung verlangt! Er verlangt es von den Großen und den Kleinen, von den Starken und den Schwachen: mit einem Wort, von allen, jederzeit und überall. Es stimmt also, dass Gott von uns nur Leichtes und Einfaches fordert, da ja der Besitz dieser einfachen Grundlage zu einer erhabenen Heiligkeit genügt. Wenn uns Gott außer den Geboten noch die Räte als etwas Vollkommeneres zeigt, so passt er deren Befolgung stets unserer Lebenslage und unserer Eignung an. Als Hauptmerkmal, ob wir auch dazu berufen sind, senkt er uns die Lockungen der Gnade ins Herz, die das Befolgen der Ordensgelübde erleichtern. Jeden Menschen drängt er nur nach dem Maß seiner Kräfte und entsprechend seiner Veranlagung. Noch einmal: Könnte er uns mehr entgegenkommen? Oh ihr alle, die ihr nach Vollkommenheit dürstet, doch dabei fast entmutigt werdet angesichts dessen, was im Leben der Heiligen zu lesen steht und was gewisse fromme Bücher vorschreiben; o ihr alle, die ihr euch mit den schrecklichsten Vorstellungen von der Vollkommenheit abquält: zu eurem Troste ließ mich Gott dies niederschreiben; lernt, was ihr nicht zu wissen scheint. Dieser Gott voll Güte hat in der Naturordnung alle notwendigen und gewöhnlichen Dinge leicht gemacht; so Luft, Wasser und Erde. Nichts ist notwendiger als Atmung, Schlaf und Ernährung, aber auch nichts leichter. Nun sind aber in der übernatürlichen Ordnung Liebe und Treue nicht weniger notwendig. Die Schwierigkeit, sie sich anzueignen, kann also nicht so unübersteigbar sein, wie man es sich gewöhnlich vorstellt. Betrachtet euer Leben; wie wickelt es sich ab? Mittels einer Unsumme recht belanglosen Tuns und Lassens. Und mit eben diesem belanglosen Tun und Lassen will sich Gott begnügen. Darin liegt der Anteil, den die Seele beim Werk ihrer Heiligung zu leisten hat. Gott selbst erklärt sich darüber zu deutlich, als dass man daran zweifeln könnte: „Fürchte Gott und halte seine Gebote, das ist der ganze Mensch." Das bedeutet: Alles, was der Mensch von seiner Seite tun soll, liegt darin enthalten; darin besteht die aktive Treue. Leistet der Mensch seinen Teil, so leistet Gott das . Die Gnade, deren Wunder alles menschliche Begreifen übersteigen, hat er sich allein vorbehalten. Kein Ohr hat je gehört, kein Auge gesehen, kein Herz je empfunden, was Gott plant, beschließt und ausführt in den Seelen, die sich ihm restlos überlassen. Noch viel leichter fällt der passive Teil der Heiligkeit. Er erschöpft sich nämlich darin, dass man einfach hinnimmt, was sich meistens doch nicht vermeiden lässt, und dass liebend erduldet wird — mit freudiger Zuversicht und Gelassenheit nämlich —, was wir sonst nur allzu oft widerwillig ertragen. Nochmals, darin erschöpft sich die Heiligkeit. Darin besteht das Senfkorn, dessen Früchte wir deshalb nicht ernten, weil wir es ob seiner Kleinheit übersehen. Das ist die Drachme des Evangeliums, die Kostbarkeit, die wir nicht finden, weil wir sie zu entfernt glauben, um ernstlich danach zu suchen. Fragt mich nicht nach dem Geheimnis, diese Kostbarkeit zu heben. Es handelt sich um gar kein Geheimnis. Diese Kostbarkeit ist überall; allezeit und allerorten liegt sie vor uns offen. Die uns wohlwollenden und die uns übelwollenden Geschöpfe verschwenden sie mit vollen Händen. Sie lassen sie über all unsere körperlichen und seelischen

Fähigkeiten bis mitten in unser Herz rieseln. Öffnen wir unseren Mund und er wird davon erfüllt sein. Das göttliche Wirken überflutet ja das Weltall; es durchdringt alle Geschöpfe; es hüllt sie ein; überall, wo sie sind, da ist es auch. Es geht ihnen voraus; es begleitet sie; es folgt ihnen nach. Wir brauchen uns nur von seinen Wogen forttragen zu lassen. Wollte Gott, dass die Könige und ihre Minister, Kirchenfürsten und weltliche Würdenträger, Priester, Soldaten, Bürger und Bauern, mit einem Wort, alle Menschen erkennten, wie leicht sie zu einer sehr hohen Heiligkeit gelangen können! Sie brauchen nur die einfachen Christen-Pflichten und Standesobliegenheiten zu erfüllen, außerdem gelassen die Heimsuchungen anzunehmen, die damit verbunden sind, endlich sich gläubig und liebend den Anordnungen der Vorsehung in allem zu fügen, was es gerade zu tun und fortwährend zu leiden gibt, ohne dass man es sucht. So sieht das geistliche Leben aus, das die Patriarchen und Propheten heiligte, noch bevor die zahlreichen späten Geisteslehrer soviel Systematik damit verbunden hatten. Darin besteht die Geistigkeit aller Zeiten und aller Stände. Offenbar können wir uns also nicht leichter, nicht wirksamer und nicht nachhaltiger heiligen als durch den schlichten Gebrauch all dessen, was Gott, der oberste Seelenführer, uns jeden Augenblick zu tun oder zu leiden gibt.

Ob man sagt, die Anordnungen Gottes oder das Wohlgefallen Gottes oder der Wille Gottes oder das Wirken Gottes oder die Gnade, so kommt das in diesem Leben auf eins heraus. Es ist Gott, der am Werke ist, um sich die Seele anzugleichen. Die Vollkommenheit besteht in nichts Anderem, als dass die Seele bei diesem Werke Gottes treu mitwirkt. Tut sie es, so schlägt die Vollkommenheit in ihrem Inneren Wurzel, wächst empor, wird groß und gelangt schließlich unmerklich und insgeheim zur Vollendung. In der Theologie häufen sich Begriffe und Ausdrücke für die Wunder

der Vollkommenheit, die in jeder Seele, entsprechend ihrem Fassungsvermögen, zustande kommen können. Mag jemand das ganze Wissen darüber besitzen, herrlich davon reden können, schreiben, lehren und die Seelen leiten: besitzt er dieses Wissen nur verstandesmäßig, so steht er vor Seelen, die das Ziel von Gottes Anordnungen und Willen, die Vollendung nämlich, schon erreicht haben, ohne es theoretisch zu durchschauen, in seine Teile zergliedern und davon reden zu können, so steht er, sage ich, vor solchen Seelen da wie ein kranker Arzt vor schlichten Leuten, die von Gesundheit strotzen. Werden die Anordnungen Gottes und sein göttlicher Wille von einer treuen Seele schlicht angenommen, so helfen sie ihr zur Vollkommenheit, auch ohne dass sie darum weiß. So macht ja auch eine Arznei, die man gelassen einnimmt, den Kranken gesund, selbst wenn er den Hergang nicht kennt, noch kennen muss. Das Feuer ist es, das erwärmt, und nicht das verstandesmäßige Erfassen oder der Einblick in dieses Element und seine Wirkungen. Und Gottes Anordnungen und sein Wille heiligen unsere Seele, und nicht das neugierige Nachdenken über Woher und Wozu. Wer Durst hat, schiebt die Bücher, die davon reden, beiseite und trinkt einfach. Wissbegier vermöchte den Durst nur zu steigern. So vermag auch, wenn jemand nach Heiligkeit dürstet, Wissbegier das Heiligwerden nur zu verzögern. Man lasse also das Nachdenken beiseite und schlucke einfach alles, was Gottes Anordnung gerade tun oder leiden lässt. Für uns ist am förderlichsten, am besten und am göttlichsten, was uns jeden Augenblick auf Gottes Anordnung hin zustößt.

Unser wahres Wissen liegt darin, die Anordnungen Gottes für den gegenwärtigen Augenblick zu kennen. Jede Schriftlesung, die außerhalb Gottes Anordnung vorgenommen wird, schadet. Gottes Wille, und was er anordnet, ist Gnade und wirkt zutiefst in unserem Herzen, und das sowohl vermittels unserer Schriftlesungen wie bei all unserem Tun. Schriftlesungen ohne diese Anordnung sind hohl. Fehlt ihnen die lebenspendende Kraft, die daraus entspringt, vermögen sie das Herz bloß zu leeren, sosehr sie den Geist erfüllen. Es kann geschehen, dass sich der Wille Gottes durch dies oder jenes Leiden oder eine ganz alltägliche Beschäftigung der Seele einer schlichten, ungebildeten Tochter mitteilt und in ihrem Inneren das geheimnisvolle Ergebnis des übernatürlichen Lebens zeitigt. Kein Gedanke, der sie aufblähen könnte, erfüllt dabei ihren Geist. Der hochmütige Mensch dagegen geht in geistlichen Büchern auf, aber aus bloßer Neugier. Da der Wille Gottes mit seiner Schriftlesung nicht verbunden ist, schöpft sein Geist daraus nur den toten Buchstaben. Der vertrocknet und verhärtet ihn immer mehr. Die Anordnungen Gottes, sein göttlicher Wille: sie bilden das geistliche Leben der Seele, gleichgültig in welcher Gestalt die Seele sie aufnimmt oder empfängt. Wie immer dieser göttliche Wille den Geist anspricht, er nährt die Seele. Unaufhörlich lässt er sie wachsen, indem er ihr das Beste für den Augenblick zuteilt. Nicht dieses oder jenes bringt also segensreiche Wirkungen hervor, sondern was Gott im Augenblick will. Was im verflossenen Moment am besten war, ist es gegenwärtig nicht mehr. Der Wille Gottes fehlt nun. Er erscheint jetzt in anderer Gestalt, nämlich als Pflicht des gegenwärtigen Augenblicks. Und diese Pflicht, in welcher Gestalt immer sie aufritt, bildet das, was die Seele zur Zeit am meisten heiligt. Verpflichtet der göttliche Wille in einem bestimmten Augenblick zu einer Schriftlesung, so entsteht durch diese Schriftlesung im Inneren der Seele die Vollkommenheit. Treibt derselbe göttliche Wille dazu an, die Schriftlesung mit der Kontemplation zu vertauschen, so ist es diese, die im Herzen den neuen Menschen formt; eine Schriftlesung wäre dann nutzlos, ja nachteilig. Ruft mich der göttliche Wille von der Schriftmeditation zum Beichthören weg, sei es für noch so lange, so gestaltet die Pflicht Jesus Christus in mir. Die Wonnen der Kontemplation könnten ihn dann nur aus meinem Inneren vertreiben. Die Anordnung Gottes macht die Fülle all unserer Augenblicke aus. Sie erscheint unter tausenderlei Gestalten. Eine nach der anderen wird zu unserer gegenwärtigen Pflicht. Jede trägt dazu bei, den neuen Menschen in uns zu der Vollreife zu bringen, die von der göttlichen Weisheit für uns bestimmt wurde. In diesem geheimnisvollen Wachstum Christi in unserem Inneren liegt das Ergebnis, auf das die Anordnungen Gottes hinzielen. In ihm besteht die Frucht seiner Gnade und göttlichen Güte. Wir sagten schon, dieses Ergebnis entstehe, wachse und zehre von unseren aufeinander folgenden, gegenwärtigen Pflichten, die der eine Wille Gottes durchweht. Erfüllen wir diese Pflichten, so sind wir immer sicher, den besten Teil erwählt zu haben. Dieser heilige Wille selber ist der beste Teil. Wir brauchen ihn nur geschehen zu lassen und uns ihm voll Vertrauen blindlings zu überlassen. Er ist grenzenlos weise, grenzenlos mächtig, grenzenlos wohltuend in einer Seele, die ganz und rückhaltlos auf ihn baut, ihn allein liebt und herbeisehnt, und die unerschütterlich glaubt und fest überzeugt ist, was Gott jeden Augenblick fügt, sei das Beste. Sie sucht nicht anderswo ein Mehr oder Weniger; sie prüft nicht lange die äußere Verkettung der Anordnungen Gottes; bloße Eigenliebe könnte dies tun. Gottes Wille ist Kern, Saft und Kraft aller Dinge. Er richtet sie her und passt sie der Seele an. Ohne ihn ist alles öde und leer, nichtig und eitel, Buchstabe, Schale und Tod. Gottes Wille bildet Heil, Wohlsein und Leben von Leib und Seele, mag der Gegenstand, auf den er sich bezieht, wie immer aussehen. Wir dürfen also die Dinge nicht danach bewerten, wie sie sich äußerlich zu Leib oder Seele verhalten. Dieses Verhältnis zählt herzlich wenig. Der Wille Gottes ist es, der jedem Ding ohne Ausnahme die Kraft einflößt, Jesus Christus in unserem Inneren zu gestalten. Man soll diesem Willen kein Gesetz aufzwingen und ihm keine Grenzen setzen wollen; denn er ist allmächtig. Welche Vorstellungen den Geist auch bewegen mögen und was immer den Leib anfällt – den Geist an Zerstreuungen und Ängsten, den Leib an Krankheit und Tod –, immerfort bleibt, was Gott im gegenwärtigen Augenblick für uns will, Leben von Leib und Seele. In jeglichem Zustand werden Leib und Seele ausschließlich durch den Willen Gottes aufrechterhalten. Ohne ihn wandelt sich Brot in Gift; mit ihm wird Gift zum Heilmittel. Ohne ihn verblenden Bücher nur. Er verwandelt Finsternis in Licht. Er macht das Ganze, das Gute, das Wahrhaftige in allen Dingen aus. In allem gibt er Gott. Und Gott ist das unendliche Wesen. Der Seele, die ihn besitzt, ersetzt er alles.

Der menschliche Geist möchte mit allem, was von ihm abhängt, den ersten Platz unter den göttlichen Hilfsmitteln einnehmen. Man muss ihn an den letzten stellen wie einen gefährlichen Sklaven. Weiß ein einfältiges Herz den Geist zu gebrauchen, so vermag er ihm viel zu nützen. Ist er aber nicht demütig, kann er großen Schaden stiften. Wenn die Seele nach geschöpflichen Hilfsmitteln langt, so gibt ihr das göttliche Wirken zu verstehen, dass es ihr allein genügen muss. Will sie jedoch verkehrterweise auf diese Hilfsmittel verzichten, so bedeutet ihr dasselbe göttliche Wirken, dass es sich hier um Werkzeuge handelt, die weder eigenmächtig ergriffen, noch eigenmächtig beiseite geschoben sein dürfen. Aus Gottes Hand habe man sie zu empfangen und einfach, Gottes Anordnungen entsprechend, zu gebrauchen. Und zwar in allem so, als gebrauche man sie nicht, ob man nun von allem entblößt oder mit allem bereichert ist. Im Wirken Gottes liegt eine unerschöpfliche Fülle. Es kann darum von einer Seele nur in dem Maße Besitz ergreifen, als sich diese allen Vertrauens auf ihr eigenes Wirken entledigt hat. Dieses Vertrauen stellt nämlich eine Scheinfülle dar, die dem Wirken Gottes zuwiderläuft. Darin besteht das eigentliche Hindernis für Gottes Wirken; ein Hindernis, das sich in der Seele selber vorfindet. Denn die äußern Hindernisse vermag Gott beliebig in Hilfsmittel zu verwandeln. Ihm steht ja alles gleicherweise zu Diensten und auf nichts ist er angewiesen. Wenn Gott nicht wirkt, so ist alles nichts. Umgekehrt wird das Nichts durch sein Wirken alles. Schriftmeditation, Kontemplation, mündliches Beten, Versunkenheit, äußere Betätigung der Seelenvermögen, sei sie merklich oder unmerklich, Einsamkeit oder Tätigkeit mögen noch so wertvoll sein: das Beste an ihnen ist für die Seele das, was Gott im gegenwärtigen Augenblick damit bezweckt. Und die Seele hat alledem vollkommen gelassen gegenüberzustehen, als wäre es nichts. Indem die Seele so in allen Dingen nur Gott sieht, soll sie die Dinge gebrauchen oder lassen, je nach Gottes Wohlgefallen. Seinen Anordnungen allein lebe sie, davon nähre sie sich, darauf setze sie allein ihr Vertrauen; nicht auf die Dinge, die nur aus Gottes Anordnung Wert und Kraft saugen. Jeden Augenblick und allem gegenüber spreche sie mit dem hl. Paulus: Herr, was willst du, dass ich tun soll? Und nicht: Das oder jenes, sondern: Alles, was du willst. – Der Geist liebt dies, der Leib jenes; doch ich, Herr, will nur deinen heiligen Willen. Ob ich innerlich beten oder mich äußerlich betätigen soll, ob ich mich mündlich oder wortlos an dich wende, ob ich im Glauben wandle oder im Schauen, ob mein Gebet in eingegossenen Begriffen vor sich geht oder sich nur mit der allgemeinen Gnade vollzieht: all das, Herr, gilt mir gleich; denn allein dein Wille ist die wahre und einzige Kraft von alledem. Nur darauf zielt mein geistliches Leben hin, und nicht auf die Dinge, wie groß und erhaben sie sein mögen. Die Vervollkommnung des Herzens und nicht des Geistes bildet ja das Endziel der Gnade. Die Gegenwart Gottes, die unsere Seele heiligt, besteht im Innewohnen der Allerheiligsten Dreifaltigkeit. Diese lässt sich zutiefst im Herzen nieder, wenn sich dieses dem göttlichen Willen unterwirft. Nun bewirkt aber die Kontemplation diese Gottverbundenheit nicht anders als die übrigen Dinge, die Gottes Anordnung entsprechen; obwohl die Kontemplation, wenn Gott sie wünscht, den ersten Rang unter allen Hilfsmitteln einnimmt; denn sie führt am nachhaltigsten zur Gottvereinigung. Es ist also durchaus am Platze, dass wir die Kontemplation sowie andere fromme Übungen hochschätzen und lieben. Nur müssen wir diese Wertschätzung und Liebe letzten Endes ganz auf den unendlich gütigen Gott beziehen, der sich dieser

Hilfsmittel bedienen will, um sich unserer Seele zu schenken. Man empfängt einen Fürsten in Person, wenn man sein Gefolge empfängt. Man würde ihn verletzen, wollte man seiner Umgebung keine Achtung erweisen, angeblich, um auf den Fürsten allein zu achten.

Die Seele, die sich nicht ausschließlich dem Willen Gottes anheimstellt, findet weder Frieden noch Vervollkommnung in den verschiedenen Hilfsmitteln, die sie benützt, auch in den vorzüglichsten nicht. Wenn, was Gott selber für dich auswählt, dir nicht passt, welche andere Hand vermöchte deine Wünsche zu befriedigen? Widert dich ein Gericht an, das der göttliche Wille selber dir zubereitet hat, kann da irgendeine andere Speise einem derart entarteten Gaumen noch munden? Nur durch die Fülle des gegenwärtigen Augenblicks vermag die Seele wahrhaft genährt, gekräftigt, gereinigt, bereichert und geheiligt zu werden. Was verlangst du also noch mehr? Da du alle Güter darin findest, warum sie anderswo suchen? Verstehst du es besser als Gott? Da er es so fügt, wie kannst du es anders wollen? Können seine Weisheit und Güte danebengreifen? Musst du nicht von der Vorzüglichkeit einer Sache überzeugt sein, sobald Gott sie für gut findet? Glaubst du in Frieden leben zu können, wenn du mit dem Allmächtigen haderst? Verursacht nicht vielmehr dieses Hadern mit Gott, wodurch wir uns nur allzu oft verfehlen, ohne es uns recht einzugestehen, all unsere Unruhe? Gibt sich eine Seele mit der göttlichen Fülle des gegenwärtigen Augenblicks nicht zufrieden, so wird sie mit Recht dadurch bestraft, dass kein anderes Ding sie zu befriedigen vermag. Wenn Bücher, Vorbilder der Heiligen, geistliche Ansprachen den Frieden rauben, wenn sie anfüllen, ohne auszufüllen, so ist das ein Zeichen, dass man sich von der reinen Hingabe an das göttliche Wirken entfernt hat, um sich eigensüchtig an diese Dinge zu hängen. Ihre Fülle verriegelt dann Gott den Eintritt. Man muss sich ihrer entledigen als eines Hindernisses für die Gnade. Ordnet jedoch das göttliche Wirken diese

Dinge an, so werden sie von der Seele wie alles übrige empfangen, nämlich als Anordnung Gottes. Die Seele eignet sie sich dann nicht an, sie benützt sie nur, um treu zu sein. Sobald deren Zeit vorüber ist, schiebt sie sie beiseite, um sich mit dem folgenden Augenblick zu begnügen. Wahrhaft gut für mich ist in Wirklichkeit nur die Tätigkeit, die Gottes Anordnung beantwortet. Nirgends sonst könnte ich ein in sich noch so treffliches Mittel finden, das zu meiner Heiligung so geeignet wäre und mir den Frieden zu geben vermöchte.

Die Anordnung Gottes verleiht allen Dingen für die Seele, die ihr folgt, einen übernatürlichen und göttlichen Wert. Alles, was sie fordert, alles, was sie enthält, alles, worauf sie sich erstreckt, wird Heiligkeit und Vollkommenheit. Ihre Kraft kennt keine Grenzen; was immer sie berührt, vergöttlicht sie. Um sich jedoch weder nach rechts noch nach links zu verirren, darf die Seele keiner vermutlich göttlichen Eingebung folgen, bevor sie sich nicht vergewissert hat, dass diese Eingebung sie von keiner Standespflicht abhält. Diese Pflichten bilden die sicherste Offenbarung von Gottes Willen. Nichts darf ihnen vorgezogen werden. Da gibt es nichts zu befürchten, nichts auszuschließen, nichts zu unterscheiden. Die Augenblicke, die man zur Pflichterfüllung benützt, sind am kostbarsten und heilsamsten für uns: gerade dadurch, dass sie uns die untrügliche Gewissheit verschaffen, nach Gottes Wohlgefallen zu handeln. Die volle Kraft dessen, was heilig heißt, liegt in der Anordnung Gottes. Weise sie deshalb nie zurück; suche nichts außer ihr; nimm alles von ihr an, und nichts ohne sie. Bücher, Ratschläge der Weisen, mündliche Gebete, Herzenserhebungen: all das belehrt, leitet, vereint, falls Gottes Anordnung sie will. Der Quietismus irrt, wenn er diese Hilfsmittel und das Sinnfällige überhaupt verachtet. Gewisse Seelen will Gott immer auf diesem Wege sehen. Ihr Stand und ihre Neigungen bekunden das zur Genüge. Umsonst stellt man sich Arten der Hingabe vor ohne jede Eigentätigkeit. Wenn die Anordnung Gottes zum Handeln antreibt, so liegt die Heiligkeit im Handeln. Doch kann Gott, außer der Erfüllung der Standespflichten, die einen jeden binden, noch gewisse Werke verlangen, die in den genannten Pflichten nicht enthalten sind, ihnen allerdings auch nicht zuwiderlaufen. Die göttliche Anordnung gibt sich dann durch Neigung und Eingebung kund. Seelen, die von Gott auf diese Weise geführt werden, handeln alsdann am vollkommensten, wenn sie den pflichtmäßigen Dingen die durch Eingebung auferlegten hinzufügen. Doch mit den Vorsichtsmaßregeln, die jede Eingebung erheischt. Weder die Standespflichten, noch was bloßem Walten der Vorsehung entspringt, soll dabei angetastet werden. Gott modelt sich die Heiligen, wie es ihm gefällt. Seine Anordnung bildet sie alle, und alle sind sie dieser Anordnung unterworfen. In dieser Unterwerfung liegt die wahre Hingabe, die am vollkommensten ist. Die Standespflichten, und was von der Vorsehung abhängt, sind allen Heiligen gemeinsam. Allen ohne Ausnahme gibt Gott das zu erkennen. Die Heiligen leben im Dunkel verborgen; denn die Welt ist so verdorben, dass sie deren Klippen vermeiden. Doch nicht darin sehen sie ihre Heiligkeit, sondern einzig in ihrer Unterwerfung unter Gottes Anordnungen. Je umfassender sich diese Unterwerfung gestaltet, um so heiliger werden sie. Man darf nicht glauben, dass diejenigen, deren Tugenden Gott durch ungewöhnliche und außerordentliche Werke sowie durch unverdächtige Erleuchtungen und Eingebungen ans Licht stellt, deshalb weniger auf dem Weg der Hingabe wandeln. Sobald ihnen Gottes Anordnung solch aufsehenerregende Werke zur Pflicht macht, wären sie Gott und seinem Willen nicht mehr gefügig, und dieser beherrschte nicht mehr ihr ganzes Leben, und ihre Augenblicke wären nicht mehr restlos Wille Gottes, wenn sie sich dann mit ihren Standespflichten und mit den Dingen reiner Vorsehung begnügten. Sie müssen sich recken und strecken gemäß der Ausdehnung der Pläne Gottes auf dem Weg, der ihnen durch Eingebung angewiesen ist. Die Eingebung muss ihnen zur

Pflicht werden, der sie unbedingt gehorchen. Wie es Seelen gibt, deren Pflichtenkreis von einem äußeren Gebot abgegrenzt ist, mit dem sie sich bescheiden müssen, weil Gottes Anordnung sie darin festhält, so gibt es andere, die neben der äußern Pflicht noch diesem Inneren Gesetz treu zu bleiben haben, das der Heilige Geist ihnen ins Herz schreibt. Welche sind heiliger? Neugierige Frage! Jeder wandle den vorgezeichneten Weg. Die Vollkommenheit beugt sich einfach gänzlich der Anordnung Gottes und unterlässt nichts, was dabei vollkommener ist. Wir gewinnen nichts, wenn wir die verschiedenen Stände gegeneinander abwägen. Die Heiligkeit ist nicht in der Größe oder der Art der befohlenen Werke zu suchen. Bewegt uns Eigenliebe zum Handeln und stellt man sich nicht um, sobald man es gewahr wird, so bleibt man arm inmitten einer Überfülle, der die Anordnung Gottes fehlt. Um jedoch die Frage irgendwie zu lösen, denke ich, dass die Heiligkeit von der Liebe abhängt, die man zum Wohlgefallen Gottes trägt, und dass eine um so größere Heiligkeit erklommen wird, je mehr dieser Wille und diese Anordnung geliebt werden, was immer auch befohlen werden mag. Das lässt sich bei Jesus, Maria und Joseph schön nachweisen. In ihrem Privatleben findet sich mehr Liebe als Größe, mehr Form als Stoff, und man schildert uns diese hochheiligen Personen nicht als auf die Heiligkeit der Dinge bedacht, sondern auf die Heiligkeit in den Dingen. So ergibt sich der Schluss, dass es keinen einzelnen Weg gibt, der am vollkommensten wäre. Am vollkommensten ist ganz allgemein, sich der Anordnung Gottes beugen, in der äußern Pflichterfüllung wie in der Inneren Haltung.

Ich glaube, viel Mühe bliebe den Seelen, die allen Ernstes nach Vollkommenheit streben, erspart, wenn sie über die richtige Einstellung belehrt würden. Das gilt von den Weltleuten wie von den auserlesenen Seelen. Wie glücklich wären die ersten, wüssten sie um das Verdienst, das in dem schlummert, was jeder Augenblick des Tages ihnen auferlegt, nämlich in ihren täglichen

Pflichten und Standesverrichtungen! Wie glücklich wären die anderen, vermöchten sie zu begreifen, dass die Heiligkeit den Dingen entströmt, die sie für belanglos halten, ja als störend empfinden! Könnten die einen und anderen einsehen, wie die von der Vorsehung gezimmerten Kreuze, die ihr Stand unablässig mit sich bringt, ihnen einen weit sichereren und kürzeren Weg eröffnen, als außerordentliche Zustände und Werke es täten, und dass der wahre Stein der Weisen in der Unterwerfung unter Gottes Anordnung besteht, die all ihre Beschäftigungen in göttliches Gold ummünzt! Wie beglückte sie diese Einsicht! Welchen Trost und welchen Mut schöpften sie aus dem Gedanken, dass die Freundschaft mit Gott samt der himmlischen Glorie dadurch zustande kommt, dass sie nicht mehr tun, als was sie ohnehin tun müssen; dass sie nicht mehr leiden, als was sie ohnehin zu leiden haben; dass das, was sie verschleudern und für nichts achten, genügte, um eine gewaltige Heiligkeit aufzubauen! Herr, könnte ich doch zum Künstler dieses heiligen Willens werden! Allen möchte ich beibringen, dass nichts Leichteres, Alltäglicheres, Gegenwärtigeres in unsere Hand gelegt ist als die Heiligkeit. Könnte ich allen klar zu verstehen geben, dass, gleich dem guten und dem bösen Schächer, die nicht etwas anderes tun oder leiden mussten, um heilig zu werden, auch von zwei Seelen, deren eine weltgesinnt, die andere ganz innerlich und geistlich eingestellt ist, die eine nicht mehr zu tun oder zu leiden braucht als die andere. Die sich heiligt, erwirbt dadurch die ewige Seligkeit. Sie vollbringt aus Unterwerfung, was die andere, die verlorengeht, eigenmächtig vollzieht. Diese geht verloren, weil sie widerwillig und murrend erträgt, was die, die gerettet wird, gelassen duldet. Der ganze Unterschied liegt also in der Inneren Haltung. Teure Seelen, die ihr das lest: es kommt euch nicht höher zu stehen! Tut, was ihr tut; leidet, was ihr leidet. Um das alles heiligmäßig zu vollbringen, habt ihr nur eure Einstellung zu ändern. Euern Willen nämlich. Darin besteht also die Heiligkeit: zu wollen, was uns auf Gottes Anordnung hin trifft. Die innere Heiligkeit liegt tatsächlich in einem einfachen Fiat — Es geschehe, in einer bloßen Willenshaltung, die mit derjenigen Gottes übereinstimmt. Was gibt es Leichteres? Wer könnte einen so liebenswerten und gütigen Willen nicht lieben? Lieben wir ihn also; und durch diese bloße Liebe wird alles in uns vergöttlicht.

1.2. Das göttliche Wirken arbeitet unablässig daran, die Seelen zu heiligen

Alle Geschöpfe leben in Gottes Hand. Zwar nehmen die Sinne bloß das Wirken der Geschöpfe wahr; doch der Glaube sieht in allem Gott wirken. Er glaubt, dass Jesus Christus in allem weiterlebt und über die Jahrhunderte hinweg tätig ist; dass der flüchtigste Augenblick und das kleinste Stäubchen einen Teil dieses verborgenen Lebens und dieser geheimnisvollen Tätigkeit enthalten. Die Tätigkeit der Geschöpfe gleicht einem Schleier. Er bedeckt die tiefen Geheimnisse des göttlichen Wirkens. Nach seiner Auferstehung überraschte Jesus seine Jünger mit Erscheinungen. Er zeigte sich ihnen in fremder Gestalt. Doch sobald er sich enthüllt hatte, verschwand er. Dieser gleiche fortlebende und fortwirkende Jesus überrascht noch heute Seelen, deren Glaube nicht rein und hellsichtig genug ist. Kein Augenblick verrinnt, wo sich Gott nicht in Gestalt irgendeiner Unannehmlichkeit, einer Tröstung oder einer Pflicht kundgäbe. Alles, was in uns, um uns und durch uns geschieht, enthält und verhüllt sein göttliches Wirken. Wahrhaft und wirklich ist es darin vorhanden, wenn auch mit unsichtbarer Gegenwart. Daher kommt es, dass wir immer überrascht sind und erst, wenn es vorüber ist, erkennen, dass Gott in uns wirkte. Könnten wir durch den Schleier hindurchsehen und hätten wir genügsam acht, offenbarte sich uns Gott unablässig. In allem, was uns zustößt, nähmen wir dann sein Wirken wahr. Allem gegenüber sagten wir: „Dominus est — Es ist der Herr." Und in jeder Lebenslage fänden wir, dass wir eine Gabe Gottes empfangen. Die Geschöpfe kämen uns dann als gebrechliche Werkzeuge in der Hand eines allmächtigen Werkmeisters vor. Gerne gäben wir zu, dass uns nichts abgeht, und dass Gottes unaufhörliche Sorge um uns ihn veranlasst, uns jeden Augenblick das Richtige zuzustellen. Hätten wir Glauben, wir wären froh über alle Geschöpfe. Wir liebkosten sie und erwiesen uns ihnen innerlich dankbar, weil sie, von Gott gehandhabt, unserer Vervollkommnung dienen und sie trefflich fördern. Führten wir stets ein Glaubensleben, so würde unser Umgang mit Gott nie abreißen. Wir unterhielten uns mit ihm von Mund zu Mund. Was die Luft für die Übertragung unserer Gedanken und Worte bedeutet, das bedeutet dann unser Tun und Leiden für Gottes Gedanken uns gegenüber. Alles wäre ein Sprecher Gottes. In allem erschienen uns seine Gedanken. Alles käme uns heilig, alles vorzüglich vor. Die Glorie bringt diese Vereinigung im Himmel zustande; der Glaube stellt sie schon auf Erden her. Nur die Art und Weise wäre verschieden. Der Glaube waltet als Wortführer Gottes. Wer von ihm unerleuchtet ist, versteht nichts von der Sprache der Geschöpfe. Er sieht nur rätselhafte, scheinbar verworrene Zeichen, eine Dornhecke, aus der man Gottes Stimme nicht vermutet. Doch der Glaube zeigt uns, wie einst dem Moses, dass das Feuer der göttlichen Liebe mitten aus den Dornen schlägt. Er gibt uns den Schlüssel zur Entzifferung der Rätsel Gottes in die Hand und lässt uns im Wirrwarr dieser Welt die Wunder seiner überirdischen Weisheit erblicken. Der Glaube verleiht der ganzen Welt ein himmlisches Gesicht. Er hebt das Herz empor; er entrückt es zum Wandel im Himmel. Der Glaube ist das Licht der Zeitlichkeit. Er allein fasst die Wahrheit, ohne sie zu schauen; er berührt sie, ohne sie zu fühlen; er betrachtet diese ganze Welt, als bestünde sie nicht, indem er etwas ganz anderes sieht, als was obenauf liegt. Er ist der Schlüssel zur Schatzkammer, der Schlüssel zum Abgrund, der Schlüssel zur Wissenschaft Gottes. Der Glaube überführt alle Geschöpfe der Lüge. Durch ihn offenbart und enthüllt sich Gott in allen Dingen. Der Glaube vergöttlicht sie, er lüftet den Schleier, er legt die ewige Wahrheit bloß. Alles, was wir sehen, ist eitel Lüge; die Wahrheit der Dinge ruht in Gott. Welche Kluft gähnt zwischen Gottes Gedanken und unseren Wahnbildern! Ständig macht man uns aufmerksam, dass alles, was in der Welt vor sich geht, lauter Schatten, Vorbild, Glaubensgeheimnis sei. Und dennoch benehmen wir uns immer noch rein menschlich und unterliegen ganz dem Einfluss der natürlichen Seite der Dinge, die doch nur ein Rätsel ist. Wir laufen wie Narren in die Falle, anstatt unsere Augen zu erheben und zum Ursprung, zur Quelle, zum Anfang der Dinge zurückzukehren: wo alles einen anderen Namen trägt, andere Eigenschaften besitzt, wo alles übernatürlich, göttlich, heiligend ist, wo alles Teil der Fülle Jesu Christi ausmacht, Baustein des himmlischen Jerusalem ist, zu diesem Wunderbau gehörig und in ihn einführend. Wir leben dermaßen im Bann von Sehen und Fühlen, als gäbe es kein Glaubenslicht. Und doch würde es uns im Irrgarten so mannigfacher Finsternis und Rätsel sicher führen. Nun aber gehen wir in diesem Garten irre wie Toren, weil wir uns nicht vom Glauben lenken lassen, der nur Gott will und das, was Gott will; der immer von ihm lebt; der das Bild liegen lässt und darüber hinausdringt.

Eine Seele, die vom Glauben erleuchtet lebt, beurteilt die Dinge ganz anders, als wer sie nach dem Sinnfälligen beurteilt und nichts weiß vom unschätzbaren Wert, den sie bergen. Wer in einem Verkleideten den König erkennt, benimmt sich ihm gegenüber bei seiner Ankunft ja auch ganz anders, als wer ihm, unter dem Eindruck des gewöhnlichen Anzuges, den er trägt, dementsprechend entgegentritt. So auch die Seele, die den Willen Gottes in den kleinsten, trostlosesten, tödlichsten Dingen erkennt. Sie empfängt alles mit gleicher Freude, gleichem Jubel, gleicher Ehrfurcht. Was andere fürchten und erschreckt fliehen, dem öffnet sie Tür und Tor zur ehrenvollen Aufnahme. Mag das Gefährt klein sein und von den Sinnen verachtet werden: das Herz achtet die königliche Majestät auch bei schlichtem Auftreten. Je mehr diese sich erniedrigt, um in einem kleinen Wagen und insgeheim Platz zu nehmen, eine um so größere Liebe erfüllt das Herz. Ich kann nicht wiedergeben, was ein Herz bewegt, wenn es den göttlichen Willen so dürftig, so arm, so vernichtet empfängt. Wie durchdrang Marias Inneres die Armut und Erniedrigung eines Gottes, die bis zum Aufenthalt in einem Stalle ging, zum Liegen auf etwas Stroh, die weinte und zitterte! Frage Bethlehems Bewohner, erkundige dich, was sie von diesem Kinde halten. Läge es in einem Palast, von fürstlichem Pomp umgeben, sie machten ihm den Hof. Doch fragst du Maria, Joseph, die Weisen, die Hirten, so erklären sie dir, in dieser äußersten Armut ein Etwas zu finden, das ihnen Gott größer und liebenswerter erscheinen lässt. Was den Sinnen abgeht, das erhöht, belebt und bereichert den Glauben. Wenn die Augen zu kurz kommen, erhält die Seele um so mehr. Jesus auf dem Tabor anbeten, den Willen Gottes in den außerordentlichen Dingen lieben, das verrät kein so ausnehmendes Glaubensleben, wie den Willen Gottes in den gewöhnlichen Dingen lieben und Jesus am Kreuze anbeten. Dann erst lebt der Glaube im höchsten Maße, wenn der Augenschein und das Sichtbare ihm widersprechen und ihn zu untergraben drohen. Dieser Krieg der Sinne gegen den Glauben lässt diesen um so glorreicher triumphieren. Gott ebenso gut finden zu können in den kleinsten und alltäglichsten Dingen wie in den größten, setzt voraus, dass man einen ungewöhnlichen Glauben besitzt, groß und außerordentlich. Sich mit dem gegenwärtigen Augenblick begnügen, heißt, den göttlichen Willen verkosten und anbeten in allem, was es in den Dingen, die durch ihr Nacheinander die gegenwärtige Welle des Geschehens ausmachen, zu tun und zu leiden gibt. So eingestellte Seelen beten Gott in den bescheidensten Zuständen mit doppelter Liebe und Ehrfurcht an. Nichts entzieht ihn dem durchdringenden Blick ihres Glaubens. Je mehr die Sinne sagen: Das ist kein Gott, um so fester ergreifen diese Seelen den Myrrhenstrauß und drücken ihn an sich. Nichts versetzt sie in Erstaunen, nichts widert sie an.

Maria sah die Apostel fliehen; sie verharrte am Fuße des Kreuzes. Sie erkannte ihren Sohn, so entstellt er durch das Anspeien und die Wunden auch war. Ja diese entstellenden Wunden machten ihn in den Augen seiner zartfühlenden Mutter nur um so anbetungswürdiger und liebenswerter. Je mehr Lästerungen gegen ihn geschleudert wurden, um so mehr wuchs ihre Verehrung zu ihm. — Das Glaubensleben besteht in einer ständigen Suche nach Gott in allem, was ihn verhüllt, entstellt, auflöst, ja sozusagen vernichtet. Es findet sich im Leben Marias. Vom Stall von Bethlehem bis zum Kalvarienberg (dem Ort der Kreuzigung) hing Maria einem Gott an, der allgemein verkannt, verlassen und verfolgt wurde. Ebenso überwinden gläubige Seelen eine fortlaufende Reihe von Zusammenbrüchen, von Schleiern, von Schatten und Nachtgestalten, die den Willen Gottes fast unkenntlich machen. Sie gehen diesem Willen nach und lieben ihn bis zum Tod am Kreuze. Sie wissen, dass man die Schatten hinter sich lassen muss, um dieser göttlichen Sonne nachzueilen. Mag sie von noch so düstern und dichten Wolken bedeckt sein: von ihrem Aufgang bis zu ihrem Niedergang erleuchtet, erwärmt und entflammt diese Sonne des göttlichen Willens ein treues Herz. An jedem Punkt ihres geheimnisvollen Kreislaufes segnet, lobt und betrachtet sie es. Treue, zufriedene und unermüdliche Seelen, eilt also immerfort diesem teuren Bräutigam nach. Mit Riesenschritten eilt er voran, vom einen Ende des Himmels zum anderen. Nichts kann sich seinem Blick entziehen. Er geht auf den unscheinbarsten Grashalmen wie auf den Zedern. Sandkörner und Berge überschreitet er; wo immer ihr den Fuß hinsetzt, ist er vorübergegangen. Ihr habt ihm nur unablässig zu folgen, so werdet ihr ihn überall entdecken. Welch köstlichen Frieden genießt eine Seele, die vom Glauben lernt, Gott auf die Weise in allen Geschöpfen wie hinter einem durchsichtigen Schleier zu sehen! Da wandelt sich denn Finsternis in Licht und Bitterkeit in Süße. Indem uns der Glaube die Dinge in ihrer wahren Gestalt zeigt, macht er ihre Hässlichkeit schön und ihre Bosheit gut. Der Glaube ist die Mutter der Sanftmut, des Vertrauens und der Freude. Er vermag nur Rücksicht und Mitleid für seine Feinde aufzubringen, die ihn auf ihre Kosten so bedeutend bereichern. Je härter das Wirken der Geschöpfe einen trifft, um so vorteilhafter wird er durch dasjenige Gottes. Während sich das menschliche Werkzeug zu schaden bemüht, benützt der göttliche Drechsler, in dessen Händen jedes Geschöpf liegt, gerade dessen Bosheit, um die Seele von dem zu befreien, was ihr schadet. Der Wille Gottes kennt nur Süßigkeit, Gunst und Kostbarkeiten für gefügige Seelen. Man kann gar nicht zu viel Vertrauen auf ihn setzen und sich ihm nie zu sehr überlassen. Er kann und will immer, was am meisten zu unserer Vervollkommnung beiträgt, wenn wir nur Gott gewähren lassen. Der Glaube zweifelt nicht daran. Je untreuer, unbändiger, verzweifelter, unsicherer sich die Sinne gebärden, um so mehr spricht der Glaube: Das ist Gott; alles geht gut. Es gibt nichts, was der Glaube nicht durchstieße und überwände. Er durchdringt alle Finsternis. Wie sehr sich die Schatten bemühen, er geht hindurch, bis er zur Wahrheit gelangt ist. Entschlossen ergreift er sie und lässt nie mehr von ihr ab.

Wenn wir jeden Augenblick als Bekundung des Willens Gottes auffassen, so finden wir darin alles, was unser Herz begehrt. Gibt es tatsächlich etwas Vernünftigeres, Vollkommeneres, Göttlicheres als den Willen Gottes? Könnte sein unendlicher Wert durch zeitliche, örtliche oder dingliche Verschiedenheiten gewinnen? Wenn man dir das Geheimnis mitteilt, ihn jeden Augenblick und in allen Dingen zu finden, so hast du das Kostbarste und Würdigste, das du wünschen kannst. Was verlangt ihr, heilige Seelen?

Lasst euch freien Lauf, spannt eure Wünsche maßlos weit, dehnt euer Herz ins Grenzenlose: ich weiß es auszufüllen. Kein Augenblick, wo ich euch nicht alles finden lassen kann, wonach ihr begehrt. Der gegenwärtige Augenblick enthält immer unschätzbare Kostbarkeiten. Er birgt mehr, als ihr fassen könnt. Das Maß ist der Glaube. Ihr schöpft so viel aus dem gegenwärtigen Augenblick, als ihr Glauben habt. Auch die Liebe ist das Maß. Je mehr euer Herz liebt, um so mehr ersehnt es. Und je mehr es ersehnt, um so mehr findet es. Der Wille Gottes liegt jeden Augenblick als unendliches Meer vor euch; euer Herz vermag es nicht auszuschöpfen. Es empfängt davon entsprechend der Befähigung, die ihm Glaube, Vertrauen und Liebe verschaffen. Alles Geschaffene kann euer Herz nicht ausfüllen; ist es doch geräumiger als alles andere außer Gott. Die Berge, die wir staunend betrachten, gleichen im Herzen nur Stäubchen. Der göttliche Wille ist ein Abgrund, dessen Eingang der gegenwärtige Augenblick ist. Steige in diesen Abgrund hinunter, und du wirst ihn immer viel weiter finden als deine Wünsche. Mach niemandem den Hof, bete keine Trugbilder an. Sie können dir nichts geben und nichts rauben. Der Wille Gottes allein bilde deine Fülle. Er lässt nichts leer in dir. Bete ihn an; gehe geradewegs darauf los, indem du alle Hüllen durchdringst und abstößst. Der Tod der Sinne, ihre Entblößung, ihr Niederbruch sind das Reich des Glaubens. Die Sinne beten die Geschöpfe an. Der Glaube betet den Willen Gottes an. Nimm den Sinnen die Götzen. Sie werden zwar wie Kinder verzweifelt aufschreien. Doch der Glaube wird triumphieren, denn man kann ihm den Willen Gottes nicht rauben. Wenn der Augenblick die Sinne erschreckt, aushungert, entblößt und niederdrückt, so nährt, bereichert und belebt er den Glauben. Dieser belächelt solche Verluste, wie ein Statthalter einer uneinnehmbaren Festung vergebliche Anstürme belächelt. Hat sich Gottes Wille einer Seele einmal geoffenbart, und hat er ihr seine Bereitschaft kundgetan, sich ihr ganz mitzuteilen, falls sich auch die Seele dem Willen Gottes restlos überlässt, so erfährt diese bei jeder Gelegenheit einen mächtigen Beistand. Erfahrungsmäßig empfindet sie dann das Glück dieser Ankunft Gottes. Sie genießt es um so mehr, je besser sie im täglichen Leben begriffen hat, wie hingegeben sie jeden Augenblick an diesen anbetungswürdigen Willen zu sein hat.

Das geschriebene Gotteswort ist voller Geheimnisse. Das Gotteswort, das sich im Weltablaufe erfüllt, ist es nicht weniger. Zwei versiegelte Bücher sind beide. Da und dort tötet der Buchstabe. Gott, der im Mittelpunkt des Glaubens steht, gleicht einem finstern Abgrund. Über alle Schöpfungen, die aus ihm hervorgehen, ergießt sich Finsternis. Seine Worte und Werke sind ausnahmslos dunkle Strahlen einer noch dunkleren Sonne. Umsonst öffnen wir unser leibliches Auge, um diese Sonne und ihre Strahlen wahrzunehmen. Sogar unser seelisches Auge, womit wir sonst Gott und seine Werke schauen, versagt da. Finsternis tritt hier an die Stelle des Lichts. Die Kenntnis besteht in Unkenntnis. Man sieht, indem man nicht sieht. Die Bibel stellt die geheimnisvolle Sprache eines noch geheimnisvolleren Gottes dar. Die Weltgeschehnisse bilden dunkle Worte des nämlichen verborgenen und unbekannten Gottes. Sie sind Tropfen aus einem Meer, aber aus einem Meer der Finsternis. Jeder Tropfen und jedes Rinnsal verrät seinen Ursprung. Der Fall der Engel, die Sünde Adams, die Gottlosigkeit der Menschen vor und nach der Sintflut, zu den Zeiten der Patriarchen, die um die Schöpfungsgeschichte und die folgende Welterhaltung wussten und sie an ihre Kinder weitererzählten: all das sind recht dunkle Schriftworte. Inmitten einer allgemeinen Verderbnis wird eine Handvoll Menschen bis zur Ankunft des Messias vor dem Götzendienst bewahrt; machtvoll behauptet sich indessen die Gottlosigkeit; eine geringe Anzahl verteidigt die Wahrheit; doch diese wenigen werden unablässig verfolgt und misshandelt; dann die Peinigungen, die Jesus Christus erleidet; die Plagen der Geheimen Offenbarung: lauter Gottesworte, alles Offenbarung. All das ließ Gott niederschreiben. Aber auch die Erfüllung dieser schrecklichen Mysterien, die bis zum Ende der Zeiten fortdauert, ist lebendiges Gotteswort. Sie verkündet uns seine Weisheit, Macht und Güte. Alle Geschehnisse, die sich zur Weltgeschichte verdichten, drücken göttliche Eigenschaften aus; alle predigen das anbetungswürdige Wort Gottes. Doch man muss es glauben, man sieht es nicht. Was will Gott durch die Moslems, die Irrgläubigen, die Kirchenverfolger sagen? Denn er predigt laut durch sie. Sie weisen auf seine unendlichen Vollkommenheiten hin. Pharao und alle Gottlosen, die ihm folgten und noch folgen werden, sind nur dazu da. Bedient man sich freilich der Augen, so sagt der Buchstabe das Gegenteil. Blind muss man werden und das Nachdenken einstellen, um das geheimnisvolle Göttliche in alledem zu erkennen. Du sprichst, Herr, zu allen Menschen insgesamt durch die allgemeinen Geschehnisse. Alle Umwälzungen sind nur Wogen deiner Vorsehung. Wer die Geschichte rein wissenschaftlich betrachtet, wird dadurch aus der Fassung gebracht und empört sich. Im Besonderen aber wendest du dich an jeden einzelnen Menschen durch das, was ihm von Augenblick zu Augenblick begegnet. Doch anstatt deine Stimme aus dem herauszuhören, anstatt Ehrfurcht zu haben vor dem Dunkel und dem Geheimnisvollen deines Wortes, schauen wir nur auf das Äußere, das Zufällige, das von menschlicher Einstellung und Laune Abhängige. Und so finden wir an allem etwas auszusetzen; wir möchten beifügen, abschneiden, ändern. Wir nehmen uns alle möglichen Freiheiten heraus. Die geringste davon würde als Frevel gebucht, handelte es sich auch nur um einen einzigen Buchstaben der Bibel. Die tastet man freilich nicht an. Sie ist Gotteswort, sagt man; alles darin ist heilig und wahrhaft. Versteht man sie nicht, so empfindet man davor nur um so größere Ehrfurcht. Man preist die Tiefen der göttlichen Weisheit und lässt ihr volle Gerechtigkeit widerfahren. Mit Recht! Doch das, was Gott zu euch spricht, teure Seelen, die Worte, die er von Augenblick zu Augenblick formt, die nicht Tinte und Papier zur

Unterlage haben, sondern was ihr leidet, was ihr fortwährend zu tun habt: verdienen diese kein Echo von eurer Seite? Warum achtet ihr nicht auch darin Gottes Wahrheit und Gottes Willen? Aber hier missfällt euch alles; hier bekrittelt ihr alles. Seht ihr nicht ein, dass ihr den Maßstab der Sinne und der bloßen Vernunft anlegt, wo nur der Glaube als Maßstab dienen kann? Begreift ihr nicht, dass ihr zwar mit dem Auge des Glaubens das Gotteswort in der Heiligen Schrift verfolgt, aber es ganz zu Unrecht mit anderen Augen lest in seinen übrigen Werken?

Der Apostel sagt: „Jesus Christus war gestern, er ist heute, er wird bis zum Zeitenende sein." Von Anbeginn der Welt bildet er als Gott den Lebensquell für die gerechten Seelen. Sobald er Mensch geworden war, nahm seine Menschheit an diesem Vorrecht seiner Gottheit teil. Er wirkt in uns unser ganzes Leben lang. Die Zeit bis zum Weltende gleicht einem einzigen Tag; einem Tag, der voll ist von ihm. Jesus Christus hat gelebt; er lebt aber noch immer. Er hat in sich selber begonnen und setzt nun in seinen Heiligen sein Leben fort, das kein Ende nimmt. O wunderbares Leben Jesu, das alle Jahrhunderte überdauert und überbordet, Leben, das jeden Augenblick neue Wirkungen hervorruft! — Ist es nicht jedermanns Sache, zu verstehen, was sich über das zeitliche Leben Jesu niederschreiben lässt, über seine irdischen Werke und Worte, enthält das Evangelium nur flüchtige Züge davon, bleibt also die erste Stunde so unbekannt und fruchtbar: wie viele Evangelien müssten erst geschrieben werden, wollte man die Geschichte aller Augenblicke des fortdauernden, geheimnisvollen Lebens Jesu festhalten! Darin kennen seine Wundertaten keine Grenzen; unaufhörlich nehmen sie zu, sind doch alle Zeiten zutiefst nichts anderes als die Geschichte des göttlichen Wirkens. Der Heilige Geist hat mit unfehlbaren und unumstößlichen Lettern einige Augenblicke dieser gewaltigen Zeitspanne niederschreiben lassen. Er hat in der Schrift einige Tropfen aus diesem Meer gesammelt. Wir sehen darin, auf welch geheimnisvollen und unbekannten Wegen er Jesus Christus in die Welt kommen ließ. Man kann die Kanäle und Wasserläufe verfolgen, worin inmitten des Gewimmels der Menschenkinder: Ursprung, Stammeszugehörigkeit und Familiengeschichte des Erstgeborenen erscheinen. Das ganze Alte Testament bildet gleichsam eine Skizze der unerforschlichen Tiefen dieses göttlichen Werkes. Es enthält jedoch nur, was nötig ist, um zu Jesus Christus zu gelangen. Alles übrige hielt der Heilige Geist in den Schatzkammern seiner Weisheit verschlossen. Aus dem Meer göttlichen Wirkens ließ er bloß ein Rinnsal erscheinen. Es gelangte bis zu Christus, verlor sich in den Aposteln und verschwand schließlich endgültig in den Tiefen der Geheimen Offenbarung. Die Geschichte des göttlichen Wirkens, die das ganze Leben umfasst, das Jesus in den heiligen Seelen bis zum Ende der Zeiten führt, kann also nur durch unseren Glauben erfasst werden. Nachdem sich die Wahrheit Gottes durch das Wort kundgetan, offenbarte sich die Liebe Gottes durch die Tat. Der Heilige Geist setzt das Werk des Erlösers fort. Während er der Kirche beisteht, das Evangelium Jesu Christi zu predigen, schreibt er selber ein eigenes Evangelium. Er schreibt es in den Herzen. Alle Handlungen, alle Augenblicke der Heiligen bilden dieses Evangelium des Heiligen Geistes. Die heiligen Seelen sind das Papier, ihre Leiden und Taten dienen als Tinte. Mit der Feder seines Wirkens schreibt der Heilige Geist dieses lebendige Evangelium. Doch erst am Tage der Glorie wird man es lesen können, dann, wenn es aus der Presse dieses Lebens hervorgehen und veröffentlicht wird. Welch wunderbares Geschichtswerk! Ein herrliches Buch verfasst gegenwärtig der Heilige Geist! Es ist im Druck, heilige Seelen. Kein Tag vergeht, ohne dass nicht Buchstaben gesetzt werden, Druckerschwärze gebraucht wird und Blätter ausgefüllt werden. Doch wir befinden uns in der Nacht des Glaubens. Das Papier übertrifft an Dunkelheit die Druckerschwärze. Die Lettern sehen verworren aus. Eine Sprache aus einer anderen Welt wird da gesprochen; man versteht nichts davon. Erst im Himmel werdet ihr dieses Evangelium lesen können. – Könnten wir das Leben Gottes schauen und alle Geschöpfe, nicht in sich, sondern in ihrem Ursprung betrachten; vermöchten wir, wie schon gesagt, das Leben Gottes in allen Gegenständen wahrzunehmen: wie das göttliche Wirken sie bewegt, sie durcheinanderwirft, sie vereinigt, sie einander entgegensetzt, sie auf grundverschiedenen Wegen zum gleichen Ziel geleitet: oh dann begriffen wir, dass alles in diesem göttlichen Werk seinen Grund hat, sein Maß und seine Beziehungen. Doch wie sollten wir dieses Buch lesen können, dessen Lettern uns fremd vorkommen, die zahllos sind, auf dem Kopf stehen und verwischt aussehen? Lässt sich schon die Zusammenstellung von sechsundzwanzig Buchstaben nicht überblicken, die für unendlich viele Bücher genügen, wovon jedes in seiner Art ein Meisterstück sein könnte, wer vermöchte erst auszudrücken was Gott im Weltall vollbringt? Wer könnte ein solches Buch lesen und verstehen, worin jeder Buchstabe seine besondere Form hat und, so klein er ist, tiefe Geheimnisse enthält. Allerdings sieht und fühlt man diese Geheimnisse nicht. Sie sind Gegenstand des Glaubens. Nur auf Grund ihres Ursprungs erfasst der Glaube ihre Wahrheit und ihren Wert. In sich selber bleiben sie dermaßen dunkel, dass all ihre Erscheinungsformen sie bloß zu verbergen vermögen und die mit Blindheit schlagen, die auf Grund der bloßen Vernunft darüber urteilen.

Lehre mich, göttlicher Geist, in diesem Lebensbuch zu lesen. Ich komme zu dir in die Schule. Wie ein Kind will ich an das glauben, was ich nicht zu sehen vermag. Es genügt mir, dass mein Meister spricht. Er sagt dies oder jenes; er drückt sich so aus; er reiht die Lettern auf diese Weise aneinander; er lässt sich auf diese Art vernehmen: mehr braucht es für mich nicht. Ich bin überzeugt, dass alles sich so verhält, wie er es sagt. Das Warum bleibt mir wohl dunkel; doch er ist die unfehlbare Wahrheit; er mag sagen und tun, was er will, es muss stimmen. Diese Buchstaben sollen ein Wort bilden; jene sollen ein anderes formen. Nur drei oder nur sechs werden in einem Fall gebraucht; mehr wären unnütz, und weniger ergäben einen falschen Sinn. Er allein, dem die Idee vorschwebt, kann die Buchstaben herholen und sie setzen. Alles besagt dabei etwas; alles hat einen vollendeten Sinn. Dieser Strich hört hier auf; so muss es sein. Kein Komma fehlt; kein Punkt ist überflüssig. Gegenwärtig glaube ich an all das; doch wenn einmal der Jüngste Tag mir zahllose Geheimnisse entschleiert, dann werde ich sehen, was ich heute nur verschwommen erkenne, was mir jetzt verworren und dunkel erscheint, ungereimt, unlogisch und verstiegen vorkommt. Dann wird es mich begeistern, wird mich ewig entzücken durch die Schönheit, die Harmonie, den Zusammenhang, die Weisheit und all die unaussprechlichen Wunder, die alsdann in diesem Schriftwerk zutage treten.

Wie wenig Glauben gibt es auf Erden! Wie ungehörig denken die meisten Menschen von Gott! Unablässig finden sie am göttlichen Wirken etwas zu nörgeln. Dem gewöhnlichsten Arbeiter gegenüber nähme man sich, was sein Fach angeht, das nicht heraus. Man möchte Gottes Wirken in Grenzen zwingen und ihm Vorschriften machen, wie unser schwacher Verstand sie sich ausdenkt. Es soll umgestaltet werden; lauter Klagen und Vorwürfe werden laut. Die Behandlung, die die Juden einst Jesus Christus angedeihen ließen, kommt uns unfassbar vor. Doch wie geht man mit dir um, göttliche Liebe, anbetungswürdiger Wille, unfehlbares Wirken Gottes? Kann der Wille Gottes überhaupt je unzeitig kommen, kann er unrecht haben? – Doch ich habe dies oder jenes zu erledigen, dies oder jenes fehlt mir, man nimmt mir die notwendigen Mittel, dieser Mensch macht mir einen Strich durch ein überaus löbliches Unternehmen: ist das alles nicht höchst unvernünftig? Dass mich diese Krankheit gerade jetzt anfallen muss, wo ich die Gesundheit so notwendig brauche! – Und ich sage dir, einzig notwendig ist der Wille Gottes. Was er nicht gibt, kann nur unnütz sein. – Nein, teure Seelen, nichts fehlt euch. Wüsstet ihr, was Geschehnisse zu bedeuten haben, die ihr als Rückschläge,

Widrigkeiten, Widerstände betrachtet, worin euch alles verpfuscht und unvernünftig erscheint: ihr wäret über die Maßen erstaunt! Euer Murren käme euch dann wie eine Lästerung vor. Doch daran denkt ihr nicht. Während alles Genannte den Willen Gottes verkörpert, wird dieser anbetungswürdige Wille von seinen teuren Kindern, die ihn verkennen, geschmäht! – Mein Jesus, bei deinem Erdenwandel haben dich die Juden als Rasenden behandelt und einen Samariter genannt. Wir wissen, dass du zu allen Zeiten lebst, doch wie scheel betrachten wir deinen anbetungswürdigen Willen, der nur Lob und Preis verdient! Blieb der heilige Name Gottes von Anfang der Schöpfung bis zum gegenwärtigen Augenblick nicht stets lobwürdig? Wird er es nicht bleiben bis zum Jüngsten Tag: dieser Name, der alle Zeiten erfüllt und alles, was zu allen Zeiten geschieht, dieser Name, der alles heilsam macht? Wie könnte mir das schaden, was Wille Gottes heißt? Den Namen Gottes sollte ich fürchten und fliehen? Wo sollte ich hingehen, um etwas Besseres zu finden, wenn ich vor dem göttlichen Wirken mir gegenüber Angst habe und die Wirkung seines göttlichen Willens ablehne? Doch, wie sollen wir auf das lauschen, was jeden Augenblick in der Tiefe unseres Herzens zu uns gesprochen wird? Wenn unsere Sinne und unser Verstand dessen Wert und Wahrheit nicht erfassen, kommt das nicht von ihrer Unfähigkeit her, die göttlichen Wahrheiten aufzunehmen? Wie können wir darüber staunen, dass ein Geheimnis die Vernunft verblüfft? Gott spricht; also handelt es sich um ein Geheimnis, und so heißt es für meine Sinne und meine Vernunft abzusterben; denn Geheimnisse müssen diese abtöten. Zum Leben wird das Geheimnis für das Herz durch den Glauben. Für alles Übrige liegen darin nur Widersprüche. Das göttliche Wirken lässt sterben und belebt zugleich. Je mehr man ein Sterben fühlt, um so fester glaubt man, dass es Leben spendet. Je dunkler das Geheimnis ist, um so mehr Licht birgt es. Eine schlichte Seele findet deshalb nirgends das Göttliche in größerer Fülle vor, als wo es scheinbar am wenigsten vorhanden ist. Das Glaubensleben besteht gänzlich in diesem fortwährenden Kampf gegen die Sinne.

Es gibt erhabene Wahrheiten, die sogar vor dem Auge der Christen, die sich am meisten erleuchtet glauben, verborgen sind. Wie wenige unter ihnen sehen ein, dass jedes Kreuz, jede Auswirkung und jeder Zauber der göttlichen Ordnung Gott auf eine Weise verrät, die sich nur durch den Vergleich mit dem erhabenen Geheimnis des Altarsakraments, erklären lässt! Was aber überträfe dieses an Sicherheit? Offenbaren uns jedoch Vernunft und Glaube die wirkliche Gegenwart der göttlichen Liebe in allen Geschöpfen und in allen Geschehnissen dieses Lebens nicht ebenso sicher, wie uns das Wort Christi und der Kirche die Gegenwart des heiligen Leibes unter den eucharistischen Gestalten verbürgt? Wissen wir nicht, dass sich die göttliche Liebe durch alle Geschöpfe und Ereignisse mit uns vereinigen will? Dass sie nur deswegen alles, was uns umgibt und uns zustößt, hervorruft, anordnet oder erlaubt, damit wir zu dieser Vereinigung gelangen, die allein sie bezweckt? Dass ihr dazu die schlimmsten wie die besten Geschöpfe dienen, die ärgerlichsten Vorkommnisse wie die angenehmsten? Dass unsere Vereinigung mit Gott in dem Maße an Verdienst gewinnt, als die Mittel dazu uns mehr anwidern? Wissen wir das nicht? Wenn es sich aber so verhält, was steht dann noch im Wege, dass jeder Augenblick unseres Lebens eine Art Kommunion mit der göttlichen Liebe sei, und dass diese Kommunion jeden Augenblick in unserer Seele eben so viel hervorbringe wie die, welche uns den Leib und das Blut des Gottessohnes anvertraut? Zwar kommt dieser eine sakramentale Wirkung zu, die jener abgeht. Doch wieviel häufiger lässt sich jene erneuern und wie verdienstlich kann sie werden, wenn sie mit einer vollkommenen Seelenverfassung empfangen wird! Es stimmt also, dass das heiligste Leben in seiner Schlichtheit und scheinbaren Niedrigkeit von Geheimnissen umwittert ist. Ein fortwährendes Fest- und Gastmahl; ein Gott, unablässig gegeben und unablässig empfangen in allem, was auf Erden Schwäche, Torheit und Nichts heißt! Gott wählt das aus, was vom natürlichen Empfinden zurückgewiesen und von der menschlichen Klugheit umgangen wird. Gott lässt daraus Geheimnisse, Sakramente der Liebe erstehen. Durch das, was scheinbar den Seelen am meisten abträglich ist, schenkt er sich ihnen in dem Maß, als sie ihn darin zu finden glauben. Nur Worte, die Gott eigens für uns spricht, erleuchten uns wirklich. Nicht das Lesen von Büchern, noch das neugierige Blättern in den Seiten der Geschichte vermittelt uns die Wissenschaft Gottes. Solche Hilfsmittel führen an sich bloß zu einem eitlen, verschwommenen Wissen, das aufbläht. Was uns von Augenblick zu Augenblick begegnet, das belehrt uns. Es schenkt uns die Erfahrungserkenntnis, die sogar Jesus Christus sich aneignen wollte, bevor er sein Lehramt antrat. Nur in dieser Hinsicht konnte er noch zunehmen, gemäß der Versicherung des heiligen Evangeliums. Als Gott besaß er das rein erkenntnismäßige Wissen unbeschränkt. Vermochte nun die genannte Erfahrungserkenntnis sogar dem menschgewordenen Gottessohn etwas zu bringen, so ist sie uns völlig unentbehrlich, wollen wir Leuten, die Gott uns zusendet, zu Herzen reden. Nur das kennt man gründlich, was man leidend oder handelnd aus der Erfahrung schöpfte. Darin hält der Heilige Geist Schule, wenn er Worte des Lebens an unser Herz richtet. Alles, was man anderen sagt, muss aus dieser Quelle kommen. Was man liest und sieht, wird erst zur göttlichen Wissenschaft durch die Fruchtbarkeit, die Kraft und das Licht, die vom Erworbenen herrühren. Der Teig braucht die Hefe und das Salz der Erfahrung. Wer nur verschwommene Vorstellungen ohne dieses Salz besitzt, der gleicht einem Traumwandler, der zwar den Weg durch die verschiedensten Städte findet, sich aber auf dem Heimweg zur eigenen Wohnung verirrt. Es gilt also, Gott von Augenblick zu Augenblick anzuhören, will man in der Tugendtheologie, die ganz im Leben und in der Erfahrung wurzelt, bewandert werden. Lass liegen, was anderen gesagt wird; höre an, was dir gesagt wird und für dich gesagt wird. Es liegt genug darin, um deinen Glauben zu erproben. Denn dieses innere Sprechen Gottes prüft ihn, reinigt ihn, steigert ihn, gerade weil es dunkel ist.

O ihr alle, die ihr dürstet, wisset, dass ihr die Quelle der lebendigen Wasser nicht weit zu suchen braucht. Sie sprudelt neben euch, im gegenwärtigen Augenblick. Beeilt euch, ihr nahezutreten. Da die Quelle neben euch fließt, warum wollt ihr euch auf der Suche nach Rinnsalen ermüden? Diese peitschen den Durst nur auf. Sie spenden das Wasser bloß kärglich. Die Quelle allein fließt immerfort. Wollt ihr den Propheten, den Aposteln und Heiligen gleich denken, schreiben und reden, so überlasst euch, wie sie, der göttlichen Einwirkung. O unbekannte Liebe, man hält deine Wunder für versiegt! Anscheinend können wir nur noch deine früheren Leistungen nachahmen, deine einstigen Reden wiederholen. Man sieht gar nicht, dass dein unerschöpfliches Wirken zur unversiegbaren Quelle neuer Gedanken, neuer Leiden, neuer Taten, neuer Patriarchen, neuer Propheten, neuer Apostel, neuer Heiliger wird, die einander weder das Leben noch die Schriften kopieren müssen. Wohl aber müssen sie in ständiger Hingabe an dein geheimes Wirken leben. – Immerfort wird uns wiederholt: Die ersten Jahrhunderte, die Zeiten der Heiligen! – Welche Redeweise! Zieht sich Gottes Wirken nicht durch alle Zeiten hin; strömt es nicht jedem Augenblick zu, um ihn zu erfüllen, zu heiligen, übernatürlich zu gestalten? Gab es je eine frühere Weise, sich seiner Einwirkung zu überlassen, die nicht auch neuzeitlich wäre? Besaßen die Heiligen der ersten Zeiten ein anderes Geheimnis als das, jeden Augenblick zu werden, was dieses göttliche Wirken aus ihnen machen wollte? Und wird dieses göttliche Wirken bis zum Weltenende je aufhören, seinen Glanz über Seelen auszugießen, die sich ihm rückhaltlos überlassen? Teure Liebe, anbetungswürdig, ewig und ewig fruchtbar und immer wunderbar! O Wirken meines Gottes, du bist mir Buch, Lehre und Wissen;

in dir ruhen meine Gedanken, meine Worte, meine Handlungen, meine Kreuze! Nicht durch Befragen deiner anderen Werke werde ich, was du aus mir machen willst. Nein, dadurch geschieht es, dass ich dich in allen Dingen empfange: auf diesem einzigen, königlichen Weg. Uralt ist er und wurde schon von meinen Vätern beschritten. Wie sie werde ich denken, wie sie erleuchtet sein und reden. In diesen Sinn ahme ich sie alle nach, wiederhole ich sie und werde ich ihnen ähnlich.

Der gegenwärtige Augenblick gleicht einem Gesandten, der den Auftrag Gottes übermitteln soll. Das Herz spricht dabei fortwährend sein Fiat — Mir geschehe. So zieht sich die Seele durch alle Geschehnisse in ihr Inneres zurück und nähert sich damit ihrem Ziel. Nie hält sie dabei inne. Bei jedem Wetter und Wind schreitet sie weiter. Alle Wege und Weisen führen sie gleichermaßen in die Weite und in die unendliche Tiefe. Alles dient ihr als Mittel. Alles handhabt sie unterschiedslos als Werkzeug der Heiligkeit. Das einzig Notwendige sieht sie stets im Gegenwärtigen. Es handelt sich für sie nicht mehr um Gebet oder Schweigen, um Zurückgezogenheit oder Umgang mit anderen, um Lesen oder Schreiben, Nachdenken oder Ablassen davon, Aufsuchen oder Flucht gleichgesinnter Frommer, Überfluss oder Mangel, Gesundheit oder Krankheit, Leben oder Tod: ihr geht es einzig noch um das, was jeder Augenblick auf Gottes Anordnung hin mitbringt. Das bedeutet freilich Entäußerung, Selbstverleugnung, Verzicht auf das Geschaffene — tatsächlichen Verzicht oder wenigstens der Gesinnung nach. Nichts mehr erstrebt die Seele aus eigenem Antrieb und um ihrer selbst willen. In allem sucht sie nur der Anordnung Gottes zu folgen, und zwar Gott zuliebe. Ihr einziges Genügen besteht darin, den gegenwärtigen Augenblick zu übernehmen, als hätte sie sonst nichts zu suchen auf dieser Welt. Wenn alles, was einer gotthingegebenen Seele zustößt, das einzig Notwendige ist, so kann ihr begreiflicherweise nichts fehlen und sie hat sich nie zu beklagen. Täte sie es doch, verriete das einen

Mangel an Glauben, und sie ließe sich von der bloßen Vernunft und den Sinnen leiten. Nie werden ja diese verstehen können, dass die Gnade allein genügen kann. Deshalb sind sie unzufrieden. Den Namen Gottes heiligen, heißt im Sinne der Schrift, Gottes Heiligkeit anerkennen, sie in allen Dingen lieben und anbeten. Tatsächlich gehen die Dinge aus dem Munde Gottes wie Worte hervor. Was Gott im Augenblick tut, stellt einen göttlichen Gedanken dar, der von einem geschaffenen Ding ausgedrückt wird. So sind alle Dinge, durch die er uns seinen Willen kundgibt, ebenso viele Laute und ebenso viele Wörter, in denen er uns zu verstehen gibt, was er will. Dieser Wille ist in sich eins. Er besitzt einen einzigen, unbekannten und unaussprechlichen Namen. Aber in seinen Wirkungen verzweigt er sich unbegrenzt. Sie alle bilden ebenso viele Namen, die er trägt. Den Willen Gottes heiligen besagt, das unaussprechliche Wesen, das Gott heißt, anerkennen, anbeten und lieben. Es bedeutet ferner, seinen anbetungswürdigen Willen jeden Augenblick und in jeglicher Wirkung anerkennen, anbeten und lieben. Als bloße Schleier, Schatten, Benennungen dieses ewig heiligen Willens erscheint dabei all dies. Heilig ist dieser Wille in all seinen Werken, heilig in allen Worten, heilig in allen Erscheinungsweisen, heilig in allen Namen, die er trägt. So hat einst Job den Namen Gottes gepriesen. Sein ungeheures Elend, worin er den Willen Gottes sah, wurde von diesem gottseligen Manne gepriesen. Nicht eine Katastrophe, sondern einen Namen Gottes nannte er es. Bei seinem Lobpreis beteuerte er, dieser göttliche Wille, der sich in schrecklichster Gestalt kundgab, sei heilig, möge er heißen und sich kundtun, wie er wolle. Auch David lobte diesen Willen allerorten und jederzeit. Indem wir also beständig den Willen Gottes in den Dingen wahrnehmen, indem er darin erscheint und sich offenbart, herrscht Gott in uns, vollbringt er auf Erden, was er im Himmel vollbringt, nährt er uns unablässig. In der Hingabe an Gottes Willen liegt das Mark des unvergleichlichen Gebetes, das uns Jesus Christus gelehrt hat. Auf Gottes und der Heiligen Kirche Anordnung hin wiederholt man es mündlich mehrmals im Tag. Wer aber gern erduldet und vollbringt, was dieser anbetungswürdige Wille anordnet, der verrichtet es unaufhörlich in seinem Herzen. Was der Mund nur Silbe für Silbe und Wort für Wort hervorbringt, das betet das Herz in Wahrheit jeden Augenblick. Die schlichten Seelen sind so berufen, Gott auf diese Weise tiefinnerlich zu preisen. Dabei empfinden sie schmerzlich, wie sie außerstande sind, es genugsam zu tun. Denn Gott verleiht diesen glaubensvollen Seelen Gnaden und Gunsterweise gerade in dem, was durchaus nicht danach aussieht. Das Geheimnis der göttlichen Weisheit liegt ja darin, das Herz zu bereichern durch die Verarmung der Sinne; und das um so mehr, als diese sich schmerzlicher leer fühlen. Was der Augenblick bringt, trägt den Stempel des Willens Gottes und seines anbetungswürdigen Namens an sich. Heilig ist dieser Name! Billig ist es deshalb, seinen Träger zu preisen und ihn als eine Art Sakrament zu betrachten, das aus innerer Kraft die Seelen heiligt, die ihm kein Hindernis in den Weg legen. Kann man dem Träger dieses hochheiligen Willens anders als mit grenzenloser Hochschätzung begegnen? Er bildet ein göttliches Manna vom Himmel, das ständig in der Gnade zunehmen lässt. Ein Reich der Heiligkeit kommt mit ihm in die Seele. Er ist das Brot der Engel, das auf Erden wie im Himmel genossen wird. Nichts Kleines bergen unsere Augenblicke, da alle ein Reich der Heiligkeit, eine Speise der Engel enthalten. Ja, Herr, möge dieses Reich in mein Herz kommen, um es zu heiligen, zu reinigen, mich über meine Feinde obsiegen zu lassen! Kostbarer Augenblick! Klein bist du in den Augen der Welt; doch groß im Auge, das der Glaube erleuchtet. Wie dürfte ich als geringfügig ansehen, was in den Augen meines Vaters, der im Himmel herrscht, groß ist! Alles, was von dort herrührt, ist sehr gut.

Nur weil sie vom göttlichen Wirken keinen Gebrauch zu machen wissen, laufen unzählige Christen ihr Lebtag ängstlich einer Unmenge von Hilfsmitteln nach, die ja nützlich sein können, falls das göttliche Wirken darauf verweist, die aber schädlich werden, sobald sie der einfachen Vereinigung mit ihm zuwiderlaufen. Alle insgesamt vermögen nämlich nicht zu geben, was der Ursprung allen Lebens finden lässt, der uns immer gegenwärtig ist, der jedem Werkzeug eine Eigenbewegung mitteilt und es unvergleichlich handhabt. Jesus hat uns einen Lehrmeister gesandt, den wir nicht genug anhören. Er spricht jedem zu Herzen. An jeden wendet er sich mit dem Wort des Lebens, einem einzigen Wort. Doch man hört ihn nicht an. Wir möchten wissen, was er anderen gesagt hat, und überhören dabei, was er uns mitteilt. Wir betrachten die Dinge zu wenig ihrem übernatürlichen Sein nach, das ihnen vom göttlichen Wirken kommt. Dieses Wirken gilt es stets mit offenen Armen aufzunehmen und vertrauensvoll und großmütig zu beantworten, wie es billig ist. Denen, die es so empfangen, kann es unmöglich schaden. Das gewaltige göttliche Wirken, das sich vom Anfang der Zeit bis zu deren Ende stets gleichbleibt, ergießt sich über alle Augenblicke. Mit seinem ganzen Umfang und seiner vollen Kraft teilt es sich der schlichten Seele mit, die es anbetet, liebt und in ihm allein sich erfreut. – Ihr wäret überglücklich, so behauptet ihr, wäre euch Gelegenheit geboten, für Gott sterben zu dürfen. Eine derartige Leistung, ein solches Lebensende entzückte euch. Alles verlieren, verlassen sterben, euch für andere dahingehen, das erfüllte euch mit Begeisterung, sagt ihr. Und ich, Herr, ich preise dein Wirken, und es allein. In ihm finde ich das volle Glück des Martyriums, der Strengheiten und der Aufopferung für den Nächsten. Dieses Wirken genügt mir. Ordnet es für mich gleich welches Leben und gleich welchen Tod an, ich bin's zufrieden. Es gefällt mir, rein in sich, ganz abgesehen von allen Eigenschaften seiner Werkzeuge und seinen Folgen. Denn es erstreckt sich auf alles, vergöttlicht alles, verwandelt alles in sich. Alles wird mir zum Himmel. Alle Augenblicke werden mir zum reinen göttlichen Wirken. Im Leben und Sterben genüge es mir. Ja, teure Liebe, fortan will ich dir Zeit und Verhalten nicht mehr vorschreiben. Stets wirst du mir willkommen sein. Ich glaube, göttliches Wirken, du hast mir deine Unermesslichkeit enthüllt. Nur noch in deinem grenzenlosen Bannkreis werde ich Schritte tun. Alles, was dir heute entströmt, entströmte dir auch gestern. Deine Tiefe bildet das Flussbett eines Gnadenstromes, der sich unaufhörlich ausbreitet. Du erhältst ihn; du bewegst seine Fluten. Ich habe dich also nicht mehr in den engen Grenzen eines Buches, eines Heiligenlebens, eines hochfliegenden Gedankens zu suchen. Das alles sind bloß Tropfen aus dem Meer, das ich dich über alle Geschöpfe ausgießen sehe. Alle werden sie vom göttlichen Wirken überflutet. Gleich Stäubchen verschwinden sie in diesem Abgrund. Auch in den Äußerungen frommer Seelen suche ich dich zukünftig nicht mehr. Ich gehe nicht mehr von Tür zu Tür mein Brot betteln, mache den Geschöpfen nicht mehr meine Aufwartung. Ja, Herr, ich will auf eine Weise leben, die dir Ehre macht; als Kind eines wahren Vaters, der unendlich gut, allwissend und allmächtig ist. Ich will leben, wie ich glaube. Und da dieses göttliche Wirken durch alle Dinge auf mich eindringt, jeden Augenblick meine Vervollkommnung bezweckt, will ich von diesem gewaltigen Einkommen zehren; einem Einkommen, das mir nie fehlen kann, immer gegenwärtig ist und überaus ersprießlich. Gibt es ein Geschöpf, dessen Wirken dem Wirken Gottes gleichkäme? Da die unerschaffene Hand alles handhabt, was mir zustößt, sollte ich bei den Geschöpfen Hilfe suchen, bei ohnmächtigen, unwissenden, lieblosen Geschöpfen? Ich könnte verdursten, könnte von Quelle zu Quelle eilen, von Bach zu Bach hinken. Und daneben breitete sich ein überbordendes Meer aus, dessen Wasser mich ringsum einschließen. Alles wird mir zu Brot, mich zu nähren; zu Seife, mich zu waschen; zu Feuer, mich zu reinigen; wird Meißel, um mir ein himmlisches Aussehen zu verleihen. Alles dient als Werkzeug der Gnade für meine Nöten. Was ich ganz anderswo suchte, das ging mir unablässig nach und schenkte sich mir in allen Geschöpfen. O Liebe, muss es unbekannt bleiben, dass du dich gleichsam mit all deinen Gunsterweisen vor jeden einzelnen hinstellst, während man dich in Winkeln sucht, wo du nicht zu finden bist? Welche Torheit, im Freien nicht atmen zu wollen, auf offenem Felde nicht zu wissen, wo den Fuß hinsetzen, bei überströmenden Fluten kein Wasser zu finden, Gott nicht zu fassen, ihn nicht zu verkosten, sein Wirken, das alle Dinge durchweht, nicht zu verspüren. Teure Seele, du suchst nach dem Geheimnis, um Gott anzugehören? Es gibt kein anderes, als sich all dessen zu bedienen, was Gott dir zuteilt. Alles führt zur Vereinigung mit Gott; alles vervollkommnet; ausgenommen, was sündhaft und ungehörig ist. Wir brauchen nur alles anzunehmen und Gott machen zu lassen. Alles lenkt dich, alles richtet dich auf und trägt dich. Alles weht dir als Banner voran; alles trägt dich als Sänfte und behagliche Kutsche. Alles ist Hand Gottes. Alles ist göttliche Erde, Luft, Wasser. Sein Wirken dehnt sich weiter aus und ist gegenwärtiger als die Elemente. Es tritt durch all deine Sinne in dich ein, vorausgesetzt, dass du dich nur nach Gottes Anordnung richtest. Denn was nicht sein Wille ist, dem gegenüber musst du die Sinne verschließen und ihm widerstehen. Kein Stäubchen durchdringt dich, ohne dass es dieses göttliche Wirken bis zum Mark deiner Gebeine trüge. Alles ist von ihm und durch es. Die Lebenssäfte, die deine Adern durchströmen, fließen nur dank dem Antrieb, den Gottes Wirken ihnen verleiht. Deine verschiedenen Bewegungen, Kraft und Schwäche, die du spürst, Schwerfälligkeit und Lebhaftigkeit, Leben und Tod: lauter göttliche Werkzeuge, von diesem Wirken gehandhabt, um deine Heiligung zu bewerkstelligen. Alle körperlichen Zustände werden unter seinem Einfluss zu Gnadenerweisen. In all deinen Gefühlen und Gedanken, wo immer sie herkommen, erscheint diese unsichtbare Hand. Kein Mensch oder Engel vermag dir zu sagen, was dieses göttliche Wirken in dir zustande bringen will. Die Erfahrung wird es dir nach und nach enthüllen. Unablässig fließt dein Leben in diesem unbekannten Abgrund dahin. Darin gilt es lediglich, das

Gegenwärtige stets zu lieben und für das Beste zu halten, voller Vertrauen auf dieses Wirken, das nur Gutes hervorrufen kann. Ja, teure Liebe, jede Seele könnte zu übernatürlichen, erhabenen, wunderbaren, unfassbaren Zuständen gelangen, wenn sie sich mit dem Wirken Gottes begnügte. Ließe man doch diese göttliche Hand schalten und walten, man erreichte die erhabenste Vollkommenheit. Keinem bliebe sie verwehrt; ist sie doch allen angeboten. Wir haben nur den Mund zu öffnen, und wie von selber strömt sie ein. Denn jede Seele besitzt in dir, o Gott, ihr unendlich vollkommenes Vorbild. Unaufhörlich ist dein Wirken daran, sie diesem Vorbild ähnlich zu machen. Wären die Seelen deinem Wirken treu, könnte jede auf göttliche Weise leben, handeln, reden. Keine brauchte die andere nachzuahmen. Jede würde vom göttlichen Wirken durch die gewöhnlichsten Dinge zu der ihr eigenen Vollkommenheit getragen. O mein Gott, wie kann ich deine Geschöpfe verkosten lassen, was ich ihnen hier vorlege? Muss ich wirklich dazu verurteilt sein, einen gewaltigen Reichtum in Händen zu tragen, der für jedermann genügte, und dabei die Seelen elend umkommen sehen? Muss ich sie einschrumpfen sehen wie Wüstenpflanzen, während ich ihnen die Quelle lebendiger Wasser zeige? Kommt, schlichte Seelen, denen jeder fromme Anstrich fehlt, jedes Talent abgeht, denen selbst die Anfangsgründe der Bildung mangeln; kommt, ihr alle, die nichts von geistlichen Fachausdrücken verstehen, die ihr die Beredsamkeit der Gelehrten nur stumm anstaunen könnt, kommt, ich teile euch ein Geheimnis mit, das euch all diese hohen Geister überflügeln lässt. Ich mache euch die Vollkommenheit so leicht zugänglich, dass ihr sie immer zu euern Häuptern und Füßen findet und rings um euch. Ich vereinige euch mit Gott, lass ihn euch mit Händen greifen, und das vom ersten Augenblick an, wo ihr befolgt, was ich euch lehre. Kommt, nicht um die Landkarte des geistlichen Lebens zu studieren, sondern um dieses Land zu besitzen, euch gemächlich darin zu ergehen, ohne Furcht vor Irrungen. Kommt zu mir, nicht um in die Theorie der göttlichen Gnade eingeführt zu werden, nicht um zu lernen, was diese im Laufe der Jahrhunderte in anderen vollbracht hat und noch vollbringt, sondern um einfach ihr Wirken über euch ergehen zu lassen. Ihr braucht dazu keine Kenntnis der Worte, die sie an andere gerichtet hat, um sie gelehrt wiederholen zu können. Die Gnade wird eigene Worte für euch haben.

Das göttliche Wirken setzt im Laufe der Jahrhunderte die Ideen in die Tat um, die von allen Dingen in der ewigen Weisheit ruhen. Jedes Ding entspricht einer besonderen Idee Gottes; die göttliche Weisheit allein kennt sie. Die Kenntnis aller Ideen, die nicht dich betreffen, vermöchte dich nicht zu leiten. Das göttliche Wirken sieht im Göttlichen Wort die Idee, nach der du gebildet werden sollst. Sie steht ihm als Vorbild vor Augen. Im Wort Gottes erscheint diesem Wirken alles, was zu jeder einzelnen heiligen Seele gehört. Einen Teil davon enthält die Bibel. Die Werke, die der Heilige Geist im Inneren bildet, fügen den Rest bei nach den Vorbildern, die das Wort Gottes ihm vorhält. Muss da nicht das Geheimnis der Verwirklichung dieser ewigen Idee einfach darin liegen, dass man sich schlicht Gottes Händen überlässt, ohne mit Anstrengungen oder verstandesmäßigen Erörterungen etwas dazu beitragen zu können oder zu wollen? Ist es nicht klar, dass dieses Werk nicht zustande kommen kann durch Geschicklichkeit, geistreiche Gedanken oder Scharfsinn, sondern mittels passiver Hingabe, indem man einfach annimmt und sich Gott fügt, wie das Metall sich der Form fügt, die Leinwand dem Pinsel, der Stein der Hand des Bildhauers? Sieht man nicht ein, dass es nicht das Wissen um die göttlichen Geheimnisse ist, die von Gott im Laufe der Jahrhunderte gewirkt wurden, das der göttliche Wille benützt, um uns nach dem Bilde zu formen, das von uns im Ewigen Worte Gottes liegt? Begreift man nicht, dass unsere Angleichung an das göttliche Vorbild einzig vom Aufdruck dieses geheimnisvollen Stempels herrühren kann, der Gottes Wirken in uns ist;

wobei der Aufdruck nicht durch Vorstellungen im Geiste geschieht, sondern durch die Hingabe im Willen? Die Weisheit der schlichten Seele besteht darin, sich mit ihrem Teil zufrieden zu geben und sich in den Grenzen ihres eigenen Weges zu halten, ohne je ihre Linie zu verlassen. Sie untersucht nicht neugierig Gottes Vorgehen. Dass sein Wille etwas anordnet, genügt ihr. Auch ist sie nicht krampfhaft bemüht, den Willen Gottes durch Gegenüberstellungen und Mutmaßungen im Voraus zu erraten. Sie will bloß wissen, was jeder Augenblick ihr offenbart. Da lauscht sie denn auf die Einflüsterungen des göttlichen Wortes, das sich in ihrem Herzensgrund vernehmen lässt. Sie erkundigt sich nicht beim Bräutigam über das, was er anderen einflüstert. Nur das beschäftigt sie, was sie selber in ihrem Inneren empfängt. So kommt sie jeden Augenblick, ohne es selbst gewahr zu werden, Gott näher. Der Bräutigam spricht also zu seiner Braut durch die tatsächlichen Wirkungen seines Einflusses, und die Braut untersucht diese nicht neugierig, sondern nimmt sie liebend und dankbar hin. Das geistliche Leben einer solchen Seele ist überaus einfach und tief; es durchdringt ihr ganzes Wesen. Keine geistreichen Gedanken oder hochtönenden Worte bestimmen sie zum Handeln. Für sich genommen, könnte solches ja nur aufblähen. Welche Rolle lässt man doch den Geist in der Frömmigkeit spielen! Und dabei hat er nur wenig zu bedeuten; ja er wird leicht zum Hindernis. Was Gott leiden oder tun heißt, das sollte uns allein beschäftigen. Anstatt dessen vernachlässigen wir dieses Göttlich-Wesentliche und befassen uns rein verstandesmäßig mit den Wunderwerken, die das göttliche Wirken im Laufe der Geschichte zustande gebracht hat. Besser, man vermehrte sie durch seine eigene Treue! Oft dienen diese Wunderwerke, wovon wir mit brennender Neugier lesen, nur dazu, uns die scheinbar kleinen Dinge zu verleiden. Und doch brächte die göttliche Liebe mit den kleinen Dingen Großes in uns zustande, wenn wir diese nicht geringschätzten. Wie töricht wir sind! Mit offenem Munde staunen wir das göttliche Wirken in den Schriften an, die davon erzählen. Will es aber seine Taten fortsetzen und in unserem Inneren niederschreiben, schwenken wir das Papier hin und her. Unsere Neugier, zu erspähen, was in uns und anderen vorgeht, hemmt es am Handeln. Verzeih mir, göttliche Liebe, wenn ich hier meine eigenen Torheiten erzähle. Noch habe ich ja nicht erfasst, was es heißt, dich gewähren zu lassen. Noch immer sträube ich mich gegen die Gestalt, die du mir geben willst. Zwar habe ich deine Werkstätten durcheilt und deine Gebilde bewundert. Aber die nötige Hingabe, um selbst deine Pinselstriche zu empfangen, brachte ich bisher noch nicht auf. Doch jetzt habe ich dich gefunden, mein teurer Meister und Lehrer, mein Vater, meine teure Liebe! Ich will dein Schüler werden, bei dir allein künftig in die Schule gehen. Dem verlorenen Sohne gleich kehre ich zurück, hungernd nach deinem Brot. Den gelehrten Vorstellungen, die ja doch nur meiner geistigen Neugier schmeicheln, gebe ich den Abschied. Ich will keinen Autoren und Büchern mehr nachlaufen. Nur noch abhängig vom göttlichen Wirken sollen diese Mittel mir dienen; und zwar nicht zu meiner Befriedigung, sondern wie in allem, was mir begegnet, aus Gehorsam gegen dich. Die Beschäftigung des Augenblicks soll mich allein fesseln. So will ich dir zuliebe meiner Pflicht nachkommen und dich gewähren lassen.

2. DER ZUSTAND DER HINGABE

2.1. Wesen und Wert des Hingabezustandes

Zuzeiten lebt die Seele mehr in Gott; zuzeiten lebt mehr Gott in der Seele. Was dieser Zeit eigen ist, läuft jener zuwider. Lebt Gott in der Seele, so hat sie sich vollständig seiner Vorsehung zu überlassen. Lebt die Seele in Gott, so ergreift sie aufmerksam und planmäßig jedes nützliche Mittel zur Gottvereinigung. Alle ihre

Wege sind dann festgelegt, ihre Schriftlesungen, ihre Rechenschaftsabgabe, ihre Zusammenkünfte vorgezeichnet. Der Seelenführer steht ihr zur Seite; bis zu den Besprechungen ist alles geregelt. Lebt dagegen Gott in der Seele, so kommt nichts mehr von ihr selbst. Sie besitzt dann lediglich, was ihr jeden Augenblick vom Ursprung, der sie beseelt, von Gott, mitgeteilt wird. Kein Vorrat wird angelegt; kein Weg ist gebahnt. Die Seele gleicht einem Kind, das man hinführt, wo man will, und das die Dinge, die ihm hingehalten werden, nur gefühlsmäßig zu unterscheiden vermag. In diesem Zustand gibt es keine im Voraus festgelegten Bücher mehr. Häufig fehlt auch ein bestimmter Seelenführer. Als einzige Stütze gibt dann Gott der Seele sich selbst. Im Übrigen weilt sie in Finsternis, Vergessen, Verlassenheit, Tod und Nichts. Wohl fühlt sie ihre Bedrängnis und ihr Elend, aber sie weiß nicht, auf welchem Weg, noch wann ihr Hilfe kommt. Doch ruhig und ohne sich abzuquälen, harrt sie auf Beistand, die Augen zum Himmel erhoben. Gott könnte in seiner Braut keine Einstellung vorfinden, die dermaßen lauter wäre wie dieses vollständige Abstreifen alles Eigenen, um nur noch durch die Gnade und durch das göttliche Wirken zu leben. Deshalb teilt ihr Gott zur rechten Zeit die nötigen Bücher und die nötige Einsicht mit, verschafft ihr Einblicke in sich selber, Fingerzeige, Ratschläge und Beispiele von Gelehrten. Alles, was andere durch ihr eigenes Bemühen erwerben, das findet diese Seele in ihrer Hingabe. Und was andere sorgfältig aufbewahren, um es nach Belieben zur Hand zu haben, das empfängt sie im Augenblick, wo sie es braucht. Hernach lässt sie es fallen. Von allem nimmt sie nur so viel, als Gott ihr zugedacht hat; denn durch ihn allein will sie leben. Andere Seelen unternehmen zahllose Dinge zur Ehre Gottes; sie aber gleicht zuweilen der Scherbe, die in einem Winkel liegt und von niemand zu etwas nütze gehalten wird. Die Geschöpfe drehen ihr den Rücken, sie aber genießt Gott. Eine tiefe, wahre und wirksame, obwohl in der Ruhe eingegossene Liebe erfüllt sie. Nichts unternimmt sie aus eigenem Antrieb. Sie versteht sich nur hinzugeben und sich den Händen Gottes zu überlassen, um ihm auf die Weise zu dienen, die er kennt. Oft weiß sie nicht, wozu sie da ist. Doch Gott weiß es. Die Menschen halten sie für unbrauchbar, und die äußeren Umstände geben ihnen scheinbar recht. Doch ebenso wahr ist es, dass von ihr auf geheimnisvolle Weise und durch unbekannte Kanäle zahllose Gnaden auf andere überströmen, die oft gar nicht daran denken und an die auch sie nicht denkt. Alles wirkt, alles predigt, alles ist apostolisch an solchen gottergebenen Seelen. Ihrem Schweigen, ihrer Verborgenheit, ihrer Ruhe, ihrer Entsagung, ihrem Reden, ihren Gebärden verleiht Gott eine gewisse Kraft, die, ohne dass sie darum wissen, andere beeindruckt. Wie sie selber unter der Einwirkung von tausenderlei Geschöpfen stehen, deren sich die Gnade, ihnen unbewusst, zu ihrer Belehrung bedient, so dienen auch sie anderen als Stütze und Wegweiser, ohne irgendeine ausdrückliche Bindung oder Absicht. Gott wirkt in ihnen; doch auf unvorhergesehene und oft unbekannte Weise. Solche Seelen gleichen Jesus, von dem eine geheime Kraft ausging, die andere heilte. Mit dem Unterschied freilich, dass diese Seelen oft gar nicht spüren, dass sie einen Einfluss ausüben; ja sie tragen nicht einmal bewusst dazu bei. Es verhält sich mit ihnen wie mit einem verborgenen Balsam; man kennt ihn nicht und nimmt ihn doch wahr, und er selbst verströmt seine Wirkung ebenso unbewusst.

Sobald eine Seele diesen göttlichen Antrieb entdeckt hat, verlässt sie alle Werke, Übungen, Methoden, Hilfsmittel, Bücher, Leitsprüche, religiöse Gesellschaft, um sich einzig Gottes Führung zu überlassen und sich der Inneren Anregung hinzugeben. Diese wird fortan zum alleinigen Quellgrund ihrer Vollkommenheit. Sie ruht in der Hand dieser Anregung, wie alle Heiligen immer darin ruhten. Sie weiß, dass dieses göttliche Wirken allein ihren Sonderweg kennt, wogegen sie auf der Suche nach weltlichen Hilfen sich im unbekannten Gelände, das Gott sie durcheilen lässt, nur verirren könnte. Das verkannte Wirken Gottes leitet und lenkt also die Seele auf Wegen, die er allein kennt. Es verhält sich mit solchen Seelen wie mit Luftströmungen; sie offenbaren sich erst durch den gegenwärtigen Augenblick. Was folgen soll, hat im Willen Gottes seine Ursache, und sein Wirken wird erst aus den folgenden Auswirkungen verständlich, durch das nämlich, was er in diesen Seelen hervorbringt und wozu er sie mittels untrüglicher innerer Eingebungen oder durch ihre Standespflichten antreibt. Darin besteht das ganze Wissen solcher Seelen über das geistliche Leben. Darin liegen ihre Offenbarungen, ihre ganze Weisheit und ihr Rat. Doch damit geht ihnen auch nie etwas ab. Der Glaube versichert ihnen, ihr Tun sei gut. Nur um die Kennzeichen des göttlichen Wirkens zu finden: lesen, reden, schreiben sie, holen sie Rat. Wurde das von Gott angeordnet, tun sie es wie alles Übrige. Nicht die Dinge an sich, sondern den göttlichen Antrieb in den Dingen suchen sie. Sein und Nichtsein ist ihnen gleich recht, indes sie sich ohne Unterlass gläubig auf dieses unfehlbare, gleichmäßige, unveränderliche und immer durchgreifende Wirken stützen. Sie sehen es, sie genießen es in allem; in den unscheinbarsten Dingen wie in den erhabensten. Jeder Augenblick vermittelt es ihnen ganz. So gebrauchen sie die Dinge nicht im Vertrauen auf diese, sondern aus Unterwerfung unter Gottes Anordnungen und den Inneren Antrieb. Und diesen entdecken sie gleich leicht und sicher unter entgegengesetzten Erscheinungsformen. Also nicht in einem Suchen und Sehnen fließt ihr Leben dahin, nicht in Widerwillen und Ächzen, sondern in der ständigen Gewissheit, immer das Vollkommenste zu besitzen. All ihre seelischen und leiblichen Zustände, alles, was sie von außen oder innen empfinden, was jeder Augenblick ihnen offenbart: das alles bildet für solche Seelen die Fülle des göttlichen Wirkens und macht ihr Glück aus. Das Geschaffene bedeutet für sie samt und sonders nur Jammer und Not. Den allein richtigen Maßstab sehen sie in dem, was Gottes Wirken erzeugt. Mag es ihnen demnach

Ideen, Worte, Bücher, Nahrung, Gesellschaft, Gesundheit, ja sogar das Leben rauben, oder tritt das Gegenteil ein, so gilt ihnen das einerlei. Die Seele liebt das göttliche Wirken in jeder Gestalt. Sie hält jede für gleichermaßen heiligend. Auch legt sie sich ihr Benehmen nicht zum voraus zurecht. Wenn die Dinge nur dieser Quelle entströmen, werden sie von ihr schon gutgeheißen.

Der Hingabezustand setzt sich gewissermaßen aus dem Zustand des Glaubens, der Hoffnung und der Liebe zusammen. Er vereinigt sie in einer einzigen Herzenserhebung zu Gott und seinem Wirken. Die drei genannten Tugenden verschmelzen hier wie zu einer einzigen. Einheitlich ist demgemäß auch ihr Ausdruck: die schlichte Hingabe an Gott und sein Wirken. Wie lässt sich diese göttliche Verbindung ausdrücken? Woher den Namen nehmen für ihr Wesen und ihre Eigenart, der der Einheit dieser Dreiheit gerecht würde? Diese drei Tugenden verschaffen uns einen einzigen Besitz und Genuss Gottes und seines Willens. Man sieht dieses anbetungswürdige Wesen, man liebt es und erhofft alles von ihm. Mit gleichem Recht kann man das reine Liebe, reine Hoffnung, reinen Glauben nennen. Gebraucht man für den Zustand, von dem hier die Rede ist, gewöhnlich den letztgenannten Namen, so sollen damit die beiden übrigen göttlichen Tugenden nicht ausgeschlossen sein. Es soll nur angedeutet werden, dass diese Tugenden in diesem Zustand im Dunkeln arbeiten. Von Gottes Seite gibt es nichts, was sicherer wäre als der Zustand der Hingabe; von Seiten des Herzens gibt es nichts, was selbstloser wäre. Von Gottes Seite herrscht dabei die unbedingte Sicherheit des Glaubens vor; von Seiten des Herzens eine Sicherheit, die mit Furcht und Hoffnung vermengt ist. O begehrenswerte Einheit dieser drei heiligen Tugenden! Glaubt also, heilige Seelen, hofft und liebt, aber durch eine einfache Einwirkung, die der Heilige Geist, den Gott euch mitteilt, in euerm Herzen hervorruft. Darin besteht die Salbung des Namens Gottes, die der Heilige Geist zutiefst in euerm Herzen verbreitet. Sie bildet jenes mystische Wort und jene Offenbarung, Unterpfand der Auserwählung samt ihren beseligenden Folgen: „Quam bonus Israel Deus his qui recto sunt corde — Wie gut ist der Gott Israels gegen die geraden Herzens sind!" Diese Einwirkung heißt in den liebeentflammten Herzen reine Liebe. Sie wird so genannt wegen der Wonnen, die sich mit einer Fülle von Vertrauen und Licht über alle Seelenvermögen ergießen. In den Seelen jedoch, die den Wermutsbecher kosten, heißt diese Einwirkung reiner Glaube. Denn da herrscht bloßes Dunkel und finstere Nacht. Die reine Liebe sieht, fühlt und glaubt. Der reine Glaube glaubt, ohne zu sehen oder zu fühlen. Darin liegt der Unterschied beider. Also nur die Erscheinungsformen weichen da und dort voneinander ab. In Wirklichkeit gebricht es dem Zustand des reinen Glaubens nicht an Liebe, noch dem Zustand der reinen Liebe an Glauben und Hingabe. Die verschiedenen Bezeichnungen rühren von dem her, was im betreffenden Zustand gewöhnlich vorherrscht. Der entsprechende Anteil dieser Tugenden bei der erwähnten Einwirkung macht die verschiedenen übernatürlich erhobenen Zustände aus. Da Gott sie in unendlicher Mannigfaltigkeit vermischen kann, gibt es keine Seele, die diese kostbare Einwirkung nicht mit einer besonderen Abschattung empfangen würde. Doch was liegt daran; immer handelt es sich um Glauben, um Hoffnung und Liebe. In der Hingabe besitzt nun die Seele das allgemeine Mittel, um die besonderen Tugenden in der übergroßen Mannigfaltigkeit dieser Einwirkungen in sich aufnehmen zu können. Nicht alle Seelen können unter dem göttlichen Einfluss die gleiche Stufe oder den gleichen Zustand erwarten. Aber alle vermögen sich mit Gott zu vereinigen, sich seinem Wirken hinzugeben, ihren Sonderzustand zu empfangen, das Reich Gottes zu finden und an seiner Gerechtigkeit und deren Schönheiten teilzunehmen. In diesem Reich erwartet jede Seele eine Krone. Mag es nun eine Glaubenskrone oder eine Liebeskrone sein, jedenfalls ist es eine Krone, und zwar eine Krone im Reiche Gottes. Mit dem Unterschied freilich, dass die einen Seelen im

Lichte wandeln, während andere im Dunkeln tasten. Doch nochmals, was verschlägt es, vorausgesetzt, dass man Gott und seinem Wirken angehört. Geht es um den Namen des Zustandes, um seinen Unterschied anderen Zuständen gegenüber und um seine Vorzüge? Nein, es handelt sich vielmehr um Gott selbst und sein Wirken. Der Art und Weise muss die Seele gleichgültig gegenüberstehen. So haben wir also den Seelen nicht mehr den reinen Glaubens- oder Liebeszustand zu verkünden, den Kreuzweg oder den Pfad der Tröstung – solches kann nicht allen im gleichen Grad und auf dieselbe Weise zuteil werden. Verkünden wir einfach denen, die einfältigen Herzens und gottesfürchtigen Sinnes sind, die Hingabe an Gottes Wirken im Allgemeinen. Geben wir ihnen zu verstehen, dass sie durch diese Hilfsmittel zum besonderen Zustand gelangen, den Gottes Wirken für sie von Ewigkeit ausersehen und bestimmt hat. Entmutigen wir niemand; weisen wir niemand zurück; halten wir niemand von einer erhabenen Heiligkeit fern. Jesus beruft alle dazu, da er ja von allen Unterwerfung unter den Willen seines Vaters und Teilnahme an seinem geheimnisvollen Leib verlangt. Dessen Glieder können ihn aber nur insofern wahrhaft ihr Haupt nennen, als ihr Wille vollkommen mit dem seinigen übereinstimmt. Wiederholen wir unablässig allen Seelen, dass die Einladung des sanften und liebevollen Erlösers von ihnen nichts ausgesprochen Schwieriges oder Außerordentliches verlangt. Nicht ihre Anstrengungen fordert er. Er wünscht, dass ihr guter Wille sich an ihn hänge, damit er sie führe, leite und sie nach dem Maß dieser Vereinigung segne.

Nichts Edelmütigeres gibt es als ein Herz, das den Glauben besitzt, das in den Mühen und größten Gefahren nur göttliches Leben sieht. Gälte es, Gift einzunehmen, sein Leben in die Schanze zu schlagen, Pestkranken zu dienen: in alledem fände es eine Fülle göttlichen Lebens. Dieses teilt sich nicht tropfenweise mit, es überströmt in einem Augenblick die Seele und erfüllt sie. Ein Kriegsheer mit solcher Einstellung wäre unbesieglich. Der

Glaubenssinn erhebt eben das Herz und weitet es über alles, was sich den Sinnen darbietet. Glaubensleben und Glaubenssinn decken sich. Beide bedeuten Freude am hohen Wert, der Gott ist, sowie festes Vertrauen auf seinen Beistand. Dadurch wird alles angenehm, und alles wird frohgemut angenommen. Der Seele ist dann jeder Ort, jeder Stand und jeder Mitmensch recht, und auf alles ist sie gefasst. Nie ist der Glaube unglücklich; selbst dann nicht, wenn die Sinne völlig trostlos sind. Dieser lebendige Glaube lebt immer in Gott und seinem Wirken, jenseits der widersprechenden Gestalten, die die Sinne verfinstern. Die aufgebrachten Sinne rufen plötzlich der Seele zu: Unglückliche, nun bist du verloren, keine Hilfe bietet sich mehr! – Doch der Glaube entgegnet sogleich noch lauter: Halte stand, geh voran und fürchte nichts!

Was wir Außerordentliches an den Heiligen wahrnehmen, wie Gesichte, Offenbarungen, innere Anreden, bildet nur einen Strahl der Erhabenheit ihres Zustandes, die in der Betätigung des Glaubens zum Ausdruck kommt. Denn der Glaube besitzt das alles, da er Gott zu sehen und zu hören versteht in dem, was jeden Augenblick geschieht. Tritt das dann sichtbar zutage, so bedeutet das nicht, dass der Glaube es nicht schon besessen hätte. Es offenbart nur seine Erhabenheit und lockt die Seelen an, aus dem Glauben zu leben. So vermehrten auch die Herrlichkeit des Tabor und die Wunder Jesu Christi dessen Größe nicht. Blitze waren es, die von Zeit zu Zeit aus der dunklen Wolke seiner Menschheit hervorbrachen, um sie für andere achtunggebietend und liebenswert zu machen. Das Wunderbare an den Heiligen liegt in ihrem fortwährenden, alles durchdringenden Glaubensleben. Ohne dieses wäre alles Übrige keine Heiligkeit mehr. Ihre Heiligkeit hat in dem liebenden Glauben, der sie Gott in allem genießen lässt, kein Bedürfnis nach Außerordentlichem. Ersprießlich wird dieses bloß für die anderen, die unter Umständen noch Zeugnis und Zeichen benötigen. Die gläubige Seele begnügt sich mit dem Glaubensdunkel. Sie stützt sich nicht auf derartige glänzende Hüllen. Sie lässt sie nach außen in Erscheinung treten, damit der Nächste Nutzen daraus ziehe. Für sich selber begnügt sie sich mit dem Allergewöhnlichsten: mit Gottes Anordnungen und seinem Wohlgefallen. Diese stellen ihren Glauben auf die Probe, indem sie sich verbergen, und nicht, indem sie sich offenbaren. – Der Glaube fordert keine Beweise. Die Beweise brauchen, sind im Glauben schwach. Wer aus dem Glauben lebt, empfängt den Beweis nicht als Beweis, sondern als Anordnung Gottes. In diesem Sinn widersprechen die außerordentlichen Zustände dem reinen Glaubenszustand keineswegs. Doch gibt es viele Heilige, die Gott zu Nutz und Frommen der Seelen emporhebt, deren Angesicht er erstrahlen lässt, den Schwachen zur Erleuchtung. Das war der Fall bei den Propheten, den Aposteln und allen früheren und gegenwärtigen Heiligen überhaupt, wenn Gott sie auf den Leuchter stellen will. Es wird immer solche Heilige geben und gab immer solche. Doch daneben finden sich in der Kirche eine Unzahl andrer, verborgen lebender, die nur im Himmel zu leuchten berufen sind. Diese verbreiten in dieser Welt kein Licht, sondern leben und sterben in einem tiefen Dunkel.

Die innere Hingabe steht jeder Möglichkeit gegenüber offen da. Denn hat sich einmal das eigene Ich dem Wohlgefallen Gottes anheimgestellt, so dehnt sich die Hingabe, die der lauteren Liebe entsprang, auf alles aus, was diesem Wohlgefallen entspricht. Auf solche Weise gibt sich die Seele jeden Augenblick unbegrenzt hin. Alle denkbaren Eigenschaften und alle Möglichkeiten schlummern in ihr. Also nicht der Seele kommt es zu, den Gegenstand ihrer Gott schuldigen Unterwerfung zu bestimmen. Sie richtet ihr Augenmerk nur darauf, in allem unterworfen und zu allem bereit zu sein. Darin liegt das Wesen der Hingabe, das, was Gott von der Seele verlangt. Das Geschenk, das er vom Herzen wünscht, ist Selbstverleugnung, Gehorsam und Liebe; das besorgt er selber. Ob nun die Seele gewissenhaft ihren Standespflichten nachkommt oder sanft einer besonderen Eingebung folgt, ob sie

sich friedvoll den Wirkungen der Gnade auf Leib und Seele überlässt: in allem übt sie zutiefst ein und dieselbe allgemeine Hingabe. Deren Betätigung bleibt keineswegs auf das nächstliegende
Ziel und auf die vorliegende besondere Anordnung beschränkt.
Deshalb begreift die Hingabe das volle Verdienst und die volle
Wirksamkeit in sich, die ein aufrichtiger guter Wille immer hat,
wenn die Wirkung nicht von ihm abhängt; was er tun wollte, gilt
vor Gott als getan. Setzt Gottes Wohlgefallen der Tätigkeit der
einzelnen Seelenvermögen Grenzen, so setzt es dem Wollen keine
solchen. Gottes Wohlgefallen, Gottes Sein und Wesen bilden den
Gegenstand des Wollens. Wird die Liebe betätigt, so vereinigt sich
Gott grenzen- und maßlos mit ihm. Zielt diese Liebe durch die
einzelnen Seelenvermögen nur auf dies oder jenes hin, so beschränkt sich eben der Wille Gottes gegenwärtig darauf. Er ver-
kürzt sich sozusagen und nimmt die Maße des gegenwärtigen Augenblicks an. So geht er auf die Seelenvermögen über und durch
sie in das Herz. Findet er dieses rein, bedingungslos und vorbe-
haltlos ihm ergeben, teilt er sich dem Herzen in Fülle mit, seinem
unbegrenzten Fassungsvermögen entsprechend, das mit der Liebe
zusammenhängt. Sie entleerte das Herz von allen Dingen und
machte es so aufnahmefähig für Gott. O heilige Loslösung, du
bereitest Gott den Platz! O Reinheit, glückselige Vernichtung, o
alles! O Unterwerfung ohne Vorbehalt! Du lockst Gott ins Innere
des Herzens. Mag es nachher um die Seelenvermögen so oder so
bestellt sein: du, Herr, bildest mein einziges Gut. Verfahre mit diesem kleinen Wesen, wie es dir beliebt. Lass es handeln, lass es erleuchtet werden, lass es deine Eindrücke empfangen: alles ist mir
recht. Dir gehört ja alles, alles bist du, von dir kommt alles und
für dich ist es. Ich brauche mich nicht mehr darum zu kümmern.
Kein Augenblick meines Lebens liegt zukünftig in meinem Belieben. Alles ist dein; ich habe nichts hinzuzufügen, noch wegzu-
nehmen; nichts zu suchen; nichts zu überlegen. Dir obliegt es, alles zu regeln: Heiligkeit, Vollkommenheit, Heil, Seelenführung,

Abtötung; dich geht es an, Herr. Ich habe nur mit dir zufrieden zu sein und mich auf keine Tätigkeit und keinen Zustand zu versteifen, sondern alles deinem Wohlgefallen zu überlassen.

Ich predige also die Hingabe, teure Liebe, und nicht einen besonderen Zustand. Ich liebe alle Zustände, in die deine Gnade die Seelen versetzt, und ziehe keinen dem anderen vor. Ich lehre alle Seelen ein allgemeines Mittel, um zu dem Zustand zu gelangen, den du für sie wünschest. Von allen verlange ich nur den Willen, sich deiner Leitung zu überlassen. Dann wirst du sie ja unfehlbar zu dem führen, was für sie am ersprießlichsten ist. Ich predige ihnen den Glauben, die Hingabe, das Vertrauen. Sie sollen Gegenstand und Werkzeug des göttlichen Wirkens sein wollen. Sie sollen überzeugt sein, dass sich dein Wirken jeden Augenblick und in allen Dingen auf alles zugleich erstreckt, je nachdem die Seele mehr oder weniger guten Willen hat. Das ist der Glaube, den ich predige. Keinen besonderen Glaubenszustand, auch keinen Zustand reiner Liebe, sondern einen allgemeinen Zustand, in dem alle Seelen Gott unter den verschiedensten Verkleidungen finden können, die er benützt. So können sie das göttliche Gepräge erhalten, das seine Gnade ihnen bestimmt hat. Ich habe mich an die beklommenen Seelen gewandt. Nun spreche ich zu allen Seelen überhaupt. Mein Herz drängt mich, allen etwas zu bieten, allen das Geheimnis des Evangeliums zu verkünden, allen alles zu werden. So eingestellt, wird es mir zur süßen Pflicht, zu weinen mit den Weinenden, mich zu freuen mit den Freudigen, mit den Toren in ihrer Sprache zu reden, die Gelehrten in ihren Fachausdrücken anzusprechen. Alle möchte ich davon überzeugen, dass sie zwar nicht die gleichen einzelnen Gunsterweise erwarten können, aber die gleiche Liebe, die gleiche Hingabe, den gleichen Gott, sein gleiches Werk, und dadurch alle gleicherweise eine erhabene Heiligkeit. Was man außerordentliche Gnadenvorzüge nennt, heißt nur so, weil es bloß wenige Seelen gibt, die treu genug sind, um sich zum Empfang würdig zu erweisen. Am Tag des Weltgerichtes wird man das einsehen. Ach, man wird dann begreifen, dass es keineswegs an der Zurückhaltung Gottes lag, sondern unsere eigene Schuld war, wenn die meisten Seelen dieser göttlichen Gaben verlustig gingen. Welche Gnadenfülle hätte die restlose Unterwerfung eines unwandelbar guten Willens ihnen verschaffen können! Mit dem göttlichen Wirken verhält es sich ähnlich wie mit Jesus. Wenn die kein Vertrauen zu ihm hatten und keine Ehrfurcht vor ihm, nicht die Gunsterweise empfingen, die er jedermann anbot, so lag die Schuld daran an ihrer schlechten Einstellung. Gewiss können nicht alle dieselben erhabenen Zustände, Gaben und Höhenstufen erwarten. Aber wenn alle der Gnade treu blieben und jeder ihr nach Kräften entspräche, so wären alle zufrieden. Alle gelangten dann zu jener Gnadenstufe und jenen Gunsterweisen, die ihr Verlangen voll ausfüllten. Sie wären der Natur und der Gnade nach ausgefüllt. Denn Natur und Gnade vereinigen sich in den Seufzern, die das Verlangen nach diesen Köstlichkeiten dem Herzen entlockt.

Wer also die Fülle aller Güter genießen will, hat nur eines zu tun: sein Herz zu reinigen, sich von den Geschöpfen frei zu machen und sich Gott vollständig zu überlassen. In dieser Reinheit und Hingabe findet sich alles. Mögen andere dich, Herr, wortreich und mit vielen Gebeten um alle möglichen Gaben anflehen: ich, mein Gott, bitte dich nur um eine. Meine einzige Bitte lautet: Gib mir ein losgelöstes Herz! Wie glücklich ist es! Durch den lebendigen Glauben erblickt man Gott darin. Man sieht ihn in allen Dingen und jeden Augenblick; sieht, wie er in unserem Inneren und außer uns wirkt. In allem dient man ihm zum Gegenstand und Werkzeug. Er führt uns in allem und führt uns zu allem hin. Meist denkt man gar nicht daran, aber er denkt für uns. Es genügt ihm, dass wir nach dem verlangen, was uns auf seine Anordnung hin begegnet und begegnen soll. Er weiß um unsere Vorbereitung. Wohl suchen wir in unserem Inneren dieses Verlangen zu entdecken; doch bei unserer heilsamen Blindheit sehen wir es nicht. Er sieht es wohl. Wie einfältig wir sind! Wissen wir denn nicht, was ein gut eingestelltes Inneres ist? Es ist ein Herz, worin sich Gott befindet. Wenn nun Gott seine eigenen Neigungen darin gewahrt, weiß er, dass es immer seinen Anordnungen entsprechen wird. Er weiß zugleich, dass wir blind sind für alles, was uns nottut. Deshalb übernimmt er es selber, uns was uns heilsam ist, zu geben. Es kümmert ihn wenig, ob er uns dabei widersprechen muss. Wir gedachten, nach Osten zu gehen; er aber führt uns nach Westen. Wir wollten eine Klippe anfahren; doch er wirft das Steuer herum und geleitet uns zum Hafen. Ohne Karte und Wegleitung, ohne Wind und Gezeiten zu kennen, verläuft unsere Reise stets glücklich. Mögen Piraten auf uns lossteuern; ein Gegenwind entreißt uns unversehens ihrem Zugriff. O guter Wille, o losgelöstes, reines Herz! Jesus wies dir den richtigen Platz an, als er dich unter die Seligkeiten einreihte. Gibt es ein größeres Glück, als Gott zu besitzen, dieweil er auch uns besitzt? Kostbarer Zustand, glückseliges Dasein! Friedlich schläft man dabei auf den Armen der Vorsehung; man spielt unschuldig mit der göttlichen Weisheit, ohne sich über die Fahrt zu beunruhigen, die indessen weitergeht und mitten unter Klippen, Piraten und fortwährenden Stürmen stets glücklich verläuft.

O losgelöstes Herz, o guter Wille! Du bildest das einzige Fundament aller geistlichen Zustände. Die Gaben des reinen Glaubens, der reinen Hoffnung, des reinen Vertrauens, der reinen Liebe sind dir gegeben und durch dich werden sie ersprießlich. Aus deiner Wurzel wachsen die Wüstenblumen, die kostbaren Gnaden, hervor, die man nur in den völlig freien Seelen findet, wo Gott eine leere Wohnung antrifft und also einziehen kann, was er anderswo nicht tut. Du bildest die reichlich sprudelnde Quelle, aus der alle Bächlein fließen, die die Beete des Bräutigams und den Garten der Braut bewässern. Du berufst alle Seelen und sagst zu ihnen: Seht mich gut an; ich lasse die schöne Liebe hervorsprießen; sie findet das Köstlichste und macht es sich zu eigen. Ich bringe die sanfte und wirksame Gottesfurcht hervor, die Abscheu vor dem Bösen einflößt und es ohne jede Beunruhigung vermeiden lässt. Ich erzeuge die erhabenen Einsichten in Gottes Größe und den Wert der Tugend. Aus mir steigt ohne Unterlass das glühende Verlangen auf, das von einer heiligen Hoffnung beseelt wird. Ich dränge fortwährend zum Guten, in Erwartung des göttlichen Wesens, dessen Genuss eines Tages wie heute, aber viel köstlicher, das Glück der treuen Seelen ausmachen wird. O losgelöstes Herz, o guter Wille! Du kannst alle Seelen einladen, dich zu umringen, um sich mit deinem unerschöpflichen Reichtum zu bereichern. Auf dich gehen alle Zustände und alle geistlichen Wege zurück. In dir schöpfen sie, was sie an Schönem, Reizendem, Entzückendem an sich haben. Aus deiner Tiefe holen sie es. Die wunderbaren Gnaden- und Tugendgaben jeder Art, die man allerorten erscheinen sieht und wovon man zehrt, stammen aus deinen Pflanzungen. In deinem Land fließt Milch und Honig. Deine Brüste spenden die Milch. An deinem Herzen ruht der Myrrhenstrauß. Aus deinen Händen sieht man voll und rein den Saft strömen, den man aus ihm beim bloßen Zusammenpressen gewinnt. Wohlan denn, teure Seelen, eilen wir mit Windeseile dem Ozean der Liebe entgegen, der uns einlädt. Was zögern wir? Brechen wir unverzüglich auf. Verlieren wir uns in Gott, in seinem Herzen, um von seiner Liebe trunken zu werden. In diesem Herzen werden wir den Schlüssel zur himmlischen Schatzkammer finden. Machen wir uns alsdann himmelwärts auf den Weg. Kein Ort ist so versteckt, dass wir nicht hingelangen könnten. Nichts wird uns verschlossen bleiben, nicht der Garten noch der Keller noch der Weinberg. Wünschen wir Landluft zu atmen, so können wir uns jederzeit hinbegeben. Kommen und Gehen, Eingang und Ausgang ist uns mit diesem Schlüssel Davids zugänglich geworden, mit diesem Schlüssel der Wissenschaft, diesem Schlüssel zum Abgrund, wo die geheimen und tiefen Reichtümer der göttlichen

Weisheit eingeschlossen sind. Mit diesem göttlichen Schlüssel öffnen sich auch die Pforten des mystischen Todes und seiner heiligen Finsternis. Mit ihm steigt man zu den tiefsten Seen hinunter und in die Löwengrube. Er bringt die Seelen in diese dunklen Verliese und zieht sie heil und gesund heraus. Er geleitet uns zum seligen Aufenthalt, wo Erkenntnis und Licht ihre Wohnstätte haben, wo der Bräutigam sein Mittagsmahl im Freien einnimmt und wo er seinen treuen Bräuten die Geheimnisse seiner Liebe offenbart. — O göttliche Geheimnisse, die zu offenbaren nicht gestattet ist und die kein sterblicher Mund je auszusprechen vermag! Lasst uns also lieben, teure Seelen! Alle Güter warten nur auf die Liebe, um uns zu bereichern. Die Liebe verleiht die Heiligkeit; sie gibt alles, was dazugehört. Die Heiligkeit ruht in ihrer Linken und in ihrer Rechten. Die Liebe lässt sie allenthalben in ein Menschenherz einströmen, das jedem göttlichen Einfluss offensteht. O Liebe, göttlicher Same der Ewigkeit, nie wird man dich genug preisen können! Doch warum von dir so viele Worte machen? Besser, man besitzt dich in Schweigen, als dich durch bloße Worte zu loben. Gewiss muss man dich loben, doch nur, weil man von dir in Besitz genommen ist. Denn sobald du von einem Herzen Besitz ergriffen hast, bedeutet ihm Lesen, Schreiben, Reden, Handeln, oder das Gegenteil davon, ein und dasselbe. Man hängt dann an nichts mehr und weicht keinem Ding mehr aus. Man lebt einsam oder ist Apostel, ist gesund oder krank, einfältig oder beredt, ist einfach alles, was du willst. Was du dem Herzen vorschreibst, das wiederholt das Herz als treues Echo den übrigen Seelenvermögen. In dieser leiblich-seelischen Einheit, die du gnädig als dein Königreich betrachten willst, herrscht das Herz unter deiner Leitung. Da es nichts anderes anstrebt, als was du ihm eingibst, gefällt ihm jedes Ding in der Gestalt, in der du es ihm anbietest. Gestalten, die Natur oder Teufel ihm geben wollten, widern das Herz dagegen nur an und erfüllen es mit Abscheu. Wird es auch durch Gottes Zulassung einige Male davon

eingenommen, so wird es dadurch nur klüger und demütiger. Sobald ihm dann die Augen über seinen Irrtum aufgehen, kehrt es
mit doppelter Anhänglichkeit zu dir zurück und folgt dir mit um
so größerer Treue.

2.2 Pflichten der Seele, die Gott zur Hingabe beruft

Sacrificate sacrificium iustitiae et sperate in Domino – Bringt
die Gerechtigkeit als Opfer dar und hofft auf den Herrn", sagt
der Prophet. Das bedeutet: Die umfassende und solide Grundlage
des geistlichen Lebens liege darin, sich Gott hinzugeben, damit er
in jeder Hinsicht nach Belieben über uns verfüge, innerlich sowohl als äußerlich, und sich dermaßen selbst zu vergessen, dass
man sich als etwas Verkauftes und Ausgeliefertes betrachtet, worauf man das Recht verloren hat. Das Wohlgefallen Gottes muss
demnach unsere ganze Freude bilden; seine Wonne, seine Glorie
und sein Wesen müssen unser einziges Gut sein. Auf dieser
Grundlage hat dann die Seele ihr ganzes Leben nur damit zu ver-
bringen, dass sie sich freut, dass Gott Gott ist. Sie überlässt sich
so sehr seinem Wohlgefallen, dass sie gleicherweise zufrieden ist,
ob sie dies oder jenes zu tun bekommt, je nachdem Gottes Wohlgefallen es verfügt; und sie überlegt gar nicht, auf was dieses
Wohlgefallen sie hinlenkt. Sich hingeben! Darin liegt die große
Pflicht, die zu erfüllen bleibt, nachdem man alle Standespflichten
treu erfüllt hat. Nach der Vollkommenheit, womit wir dieser
Pflicht nachkommen, bemisst sich die Heiligkeit. Eine heilige
Seele ist nichts anderes als eine Seele, die sich mit Hilfe der Gnade
freiwillig dem göttlichen Willen anschmiegt. Alles, was auf diese
reine Hingabe folgt, ist Gottes Werk. Dass sich die Seele blindlings
in Hingabe und Bereitschaft hingebe: diese Einstellung allein verlangt Gott von ihr. Das bestimmt er nach seinen Plänen.

In allem muss man also Gott und seine Anordnungen lieben. Sie so lieben, wie sie sich darbieten, ohne mehr zu verlangen. Mag dieser oder jener Gegenstand dargeboten werden: nicht die Seele hat darüber zu entscheiden, sondern Gott. Was er einem hinhält, gereicht uns zum Besten. Das gesamte geistliche Leben liegt in diesem Grundsatz enthalten: Sich einfach und vollständig den Anordnungen Gottes überlassen, in beständigem Selbstvergessen immerfort darauf bedacht bleiben, ihn zu lieben und ihm zu gehorchen, alle Befürchtungen, Überlegungen, Umschweife, Ängste, die zuweilen der Sorge um das eigene Seelenheil und die eigene Vervollkommnung entspringen, ausschalten. Da sich Gott anheischig macht, unsere Sache zu führen, übergeben wir sie doch endgültig seiner unendlichen Weisheit! Befassen wir uns nur noch mit ihm und mit dem, was ihn betrifft! Wohlan denn, meine Seele, Kopf hoch und hinweggegangen über alles, was in uns und um uns vorgeht! Seien wir immer zufrieden mit Gott, zufrieden mit dem, was er aus uns machen will und uns tun lässt. Hüten wir uns, uns unklugerweise auf zahlreiche unruhige Überlegungen einzulassen. Sie könnten unseren Geist nur irreführen; er würde sich nutzlos ins Endlose verlieren. Überwinden wir das Labyrinth unserer Eigenliebe, indem wir es überspringen, und nicht, indem wir all seinen endlosen Gängen folgen. Suchen wir hinwegzukommen, meine Seele, über Mattigkeit, Krankheit, Trockenheit, Stimmungsschwankungen, geistige Übermüdung, Fallstricke, die Teufel und Menschen uns legen durch ihr Misstrauen, ihre Eifersucht, ihre scheelen Gedanken und ihre Vorurteile. Fliegen wir adlergleich über solche Wolken hinaus, das Auge unverwandt auf die Sonne gerichtet und auf unsere Pflichten, die deren Strahlen sind. Mögen wir alles Genannte fühlen; es hängt nicht von uns ab, unempfindlich dafür zu sein. Doch bedenken wir, dass unser Leben kein Gefühlsleben ist. Leben wir in einem höheren Seelenbereich, dort nämlich, wo Gott und sein Wille an einer immer gleichmäßigen, unveränderlichen Ewigkeit arbeitet. In dieser rein geistigen Behausung, wo das Unerschaffene und Unaussprechliche die Seele grenzenlos fernhält von allem, was der irdischen Schatten- und Scheinwelt eigen ist, dort verweile in Ruhe; dies selbst dann, wenn Stürme über die Sinne hinwegbrausen. Man hat sich ja von den Sinnen unabhängig gemacht, hat sich gelöst von ihren Trieben, ihrer Unrast, ihrem Kommen und Gehen. Ihre hundert Wandlungen stören einen so wenig wie die Wolken, die einen Augenblick den Himmel überziehen und dann verschwinden. Man ist sich bewusst, dass sich hier alles wie im Luftbereich abspielt, wo alles in bunter Folge planlos vor sich geht, beständigem Wechsel unterworfen. Gott und sein Wille sind der ewige Gegenstand, der das Herz im Zustand des Glaubens entzückt, so wie er einst im Zustand der Glorie unser wahres Glück ausmachen wird. Dort macht dieser erhabene innere Zustand dann seinen Einfluss auf den ganzen Menschen geltend, der gegenwärtig Ungetümen, Eulen und wilden Tieren preisgegeben ist. Doch mögen diese Schreckbilder noch so grauenhaft aussehen: einmal wird das göttliche Wirken dem Menschen eine himmlische Gewalt verleihen, wird ihn sonnengleich erstrahlen lassen. Hienieden werden die niederen Seelenvermögen und die Körperkräfte hergerichtet wie Gold, Eisen, Leinwand und Stein. Wie diese Stoffe, so erlangen auch sie erst dann ihren vollen Glanz und ihre volle Reinheit, wenn sie durch alle möglichen Zwischenstufen hindurchgegangen sind, aufgelöst und beschnitten wurden. Alles, was sie auf Erden unter Gottes Hand erdulden, hat sie darauf vorzubereiten. Die glaubensvolle Seele, die um das Geheimnis Gottes weiß, verharrt immer in Frieden. Anstatt über das, was in ihr vorgeht, zu erschrecken, wird sie dadurch nur gefestigt. Sie ist tief davon überzeugt, dass Gott sie leitet, und so sieht sie in allem eine Gnade. Sie blickt über das Werkzeug hinaus, womit Gott sie bearbeitet. Ihre Gedanken sind einzig auf das gerichtet, was eben ihrer Sorge anvertraut ist. Unaufhörlich eifert die Liebe sie an, ihre Pflichten getreu und genau zu erfüllen. Alles, was hervortritt an einer solchen gottergebenen Seele, ist Gnadenwirkung, ausgenommen die kleinen Fehler, die ihr unterlaufen, die jedoch von dieser Wirkung ebenfalls zum Guten gewendet werden. Unter Hervortreten verstehe ich hier das, was der niedere Teil der Seele an tröstlichen oder betrüblichen Eindrücken von Seiten der Dinge empfängt, mit denen sie der göttliche Wille zu ihrem Besten in Berührung bringt. Ich spreche von Hervortreten, weil die Seele von allem, was in ihr vorgeht, das am leichtesten wahrnimmt. In alledem sieht der Glaube nur Gott. Er ist einzig darauf bedacht, sich dessen Willen anzuschmiegen.

Ist dieser Zustand einmal erreicht, so bietet er nur Wonnen. Doch bis er erreicht ist, gilt es vielerlei Qualen durchzumachen. Die Lehre von der reinen Liebe erlernt man nur durch das Wirken Gottes und nicht durch geistige Anstrengung. Gott belehrt das Herz nicht durch Anschauungen, sondern durch Leiden und Widerwärtigkeiten. Es handelt sich dabei um ein praktisches Wissen, das Gott als einziges Gut verkosten lässt. Um dieses Wissen zu besitzen, heißt es losgelöst zu sein von allen einzelnen Gütern. Und um zu dieser Nichtanhaftung zu gelangen, muss man diese Güter wirklich entbehren. Also nur durch fortlaufende Hindernisse und eine lange Kette aller denkbaren Abtötungen, Prüfungen und Verzichtleistungen gelangen wir zur reinen Liebe. Es muss so weit kommen, dass einem alles Geschaffene nichts mehr sagt, Gott dagegen alles. Deshalb muss sich Gott allen einzelnen Neigungen der Seele entgegenstellen. Lässt sie sich also von einer besonderen Andachtsform einnehmen, von einem besonderen Frömmigkeitsideal oder Andachtsgegenstand begeistern; glaubt sie, auf diesem oder jenem Wege zur Vollkommenheit zu gelangen, durch diese oder jene Mitmenschen dorthin geführt werden zu können, kurz, hängt sie sich an irgend etwas: so durchkreuzt Gott ihr Beginnen und lässt es zu, dass sie anstatt dieser Dinge in allem nur Verwirrung, Unruhe, Öde und Torheit findet. Kaum hat sie gesprochen: Diesen Weg muss ich einschlagen, mit jenem

Menschen muss ich reden, auf diese Weise muss ich handeln, so sagt Gott sogleich genau das Gegenteil. Er entzieht seine Kraft dem Mittel, das sie ins Auge gefasst hatte. So stößt die Seele in allem nur auf Enttäuschung und Nichts. Dadurch wird sie gezwungen, zu Gott selber ihre Zuflucht zu nehmen und sich mit ihm allein zufriedenzustellen. Glücklich die Seele, die dieses liebevoll strenge Verhalten ihres Gottes versteht und es getreu beantwortet. Sie kommt über alles, was vorgeht, hinaus und findet im Unveränderlichen und Unendlichen ihre Ruhe. Sie geht dann nicht mehr anhänglich und vertrauensselig in den geschaffenen Dingen auf. Aus reinem Pflichtgefühl nimmt sie sie hin, auf Grund der Anordnung Gottes und auf seinen besonderen Wunsch hin. Erhaben über deren Überfluss und Mangel, lebt sie in der Fülle Gottes, dem sie sich fest angeschlossen hat. Gott findet diese Seele vollständig leer von eigenen Neigungen, eigenen Antrieben, eigener Wahl. Sie ist wie tot und begraben in umfassender Bereitschaft. In ihrem Herzensgrund erscheint so die göttliche Wesensfülle, und diese verleiht den geschaffenen Dingen einen Anstrich des Nichts, der alle Unterschiede und Abstufungen aufhebt. Das Geschaffene büßt alle Eigenkraft und Eigenwirkung ein; das Herz fühlt sich nicht mehr dazu hingezogen. Gottes Majestät erfüllt des Herzens ganze Fassungskraft. Ein Herz, das so von Gott lebt, ist für alles übrige tot, und alles ist tot für es. Gott, dem Allbelebenden, kommt es zu, die Seele gegenüber dem Geschaffenen wieder zu beleben und das Geschaffene gegenüber der Seele. Dieses Beleben geschieht durch die Anordnung Gottes. Durch sie wendet sich das Herz dem Geschaffenen insoweit zu, als es nötig oder nützlich ist. Und durch dieselbe Anordnung wenden sich auch die Geschöpfe der Seele zu und werden sie von ihr angenommen. Wohnt ihm die Kraft des Wohlgefallens Gottes nicht inne, nimmt die Seele nichts Geschaffenes an und sie wendet sich ihm nicht zu. Indem so alles Geschaffene zuerst in Nichts aufgelöst wird und sich dann zur Anordnung Gottes verdichtet, ist Gott für die Seele jederzeit sowohl Gott als alle Dinge zugleich. Jeder Augenblick bildet dann ein inneres sich Begnügen mit Gott und eine rückhaltlose Hingabe an alles mögliche Geschaffene, oder vielmehr: an alles Geschaffene und Verwirklichungsmögliche gemäß der Anordnung Gottes. So enthält jeder Augenblick alles.

Zwar sind die Seelen, die Gott zum Zustand der Hingabe erhebt, mehr passiv als aktiv. Doch jede Betätigung kann ihnen auch nicht abgehen. Da dieser Zustand nichts anderes ist als die häufiger und besser geübte Tugend der Hingabe, muss er, ebenso wie sie, zwei Pflichtenkreise umfassen: die aktive Erfüllung des göttlichen Willens und die passive Annahme alles dessen, was dieser Wille uns senden will. Wir sagten schon, dass der Hingabezustand im Grunde in der vollständigen Auslieferung unseres ganzen Wesens an Gott besteht, der nach Belieben über uns soll verfügen können. Das Wohlgefallen Gottes verfügt aber auf zwei Arten über uns. Entweder verlangt es von uns, dass wir dies oder jenes tun, oder es wirkt einfach in uns. Auch wir können uns ihm demnach auf zwei Arten unterwerfen. Entweder kommen wir getreu seinen klar bekundeten Anordnungen nach, oder wir geben uns schlicht und auf passive Weise seinen angenehmen oder schmerzhaften Einflüssen hin. Beides ist in der Hingabe enthalten, in dieser vollkommenen Unterwerfung unter Gottes Anordnungen, wie sie der gegenwärtige Augenblick bringt. Auf welche Weise sie sich hinzugeben hat und wie der gegenwärtige Augenblick beschaffen ist, danach fragt die Seele nicht; ihr geht es nur darum, sich hinzugeben. Es gilt also, Gebote zu beobachten und sich mit Notwendigkeiten des Lebens abzufinden. Noch eine dritte Klasse lässt sich nennen, die ebenfalls der aktiven Treue zufällt, obwohl es sich dabei nicht eigentlich um Gebote handelt. Wir meinen die Pflichten, die mit einer Eingebung verbunden sind, diejenigen, wozu der Geist Gottes durch seine Salbung das Herz hinneigt, das ihm gefügig ist. Die Erfüllung dieser Art von Pflichten setzt ein sehr schlichtes, sanftes und inniges Wesen voraus, sowie seelische

Empfänglichkeit für den Anhauch der Gnade, der uns bewegt. Denn man lässt sich ja dabei nur führen und gehorcht schlicht und frei der Gnade. Damit sich die Seele nicht täuscht, unterlässt es Gott nie, ihr kluge Führer zu senden, die ihr angeben können, mit wieviel Freiheit oder Zurückhaltung sie auf solche Eingebungen einzugehen hat. Diese dritte Art von Pflichten ist an keine feste Norm, keine bestimmte Erscheinungsform, kein abgegrenztes Gebiet gebunden. Sie macht das Besondere und Außerordentliche im Leben der Heiligen aus. Davon werden ihre mündlichen Gebete und ihr innerer Umgang mit Gott bestimmt; die Tätigkeit ihrer Seelenvermögen und das Auffallende in ihrem Leben, ihre Strengheiten, ihr Eifer, ihre restlose Aufopferung für den Nächsten hängen damit zusammen. Da dies alles zum Inneren Wirkungsbereich des Heiligen Geistes gehört, soll sich hier niemand eindrängen, niemand sich selber solches vorschreiben oder es verlangen, noch betrübt sein, wenn er die Gnaden nicht erhält, die zu derartigen Werken und solch ungewöhnlichen Tugenden antreiben. Deren eigentliches Verdienst kommt ja doch nur von Gottes Anordnung her. Bewahrt man diese Zurückhaltung nicht, so verfällt man dem Einfluss des eigenen Geistes und wird zur Beute der Selbsttäuschung. Man beachte, dass es Seelen gibt, die Gott verborgen und klein halten will in ihren Augen wie in den Augen anderer. Deshalb verleiht er ihnen keine hervorstechenden Eigenschaften; seine Anordnung schiebt sie ins Dunkel. Solche Seelen würden fehlgehen, wenn sie einen anderen Weg einschlagen wollten. Merken sie gut auf, so wird es ihnen klar, dass ihre Treue die Treue zu ihrem Nichts sein muss. In ihrer Erniedrigung werden sie den Frieden finden. Dadurch allein unterscheidet sich ihr Weg von demjenigen scheinbar meist bevorzugter Seelen: ob sie mit mehr oder weniger Liebe und Fügsamkeit sich dem Willen Gottes beugen. Übertreffen sie in dieser Hinsicht solche, die äußerlich mehr leisten als sie, so sind sie es ohne Zweifel, die eine höhere Heiligkeit besitzen. Daraus erhellt, dass jeder Seele ihre

Standespflichten und die Anordnungen der Vorsehung genügen müssen. Es ist klar, dass Gott das von allen gleicherweise verlangt. Antriebe und innere Eingebungen sind ausschließlich Gottes Sache. Man soll sie weder hervorrufen wollen, noch sich anstrengen, sie lebhafter zu gestalten. Die natürliche Anstrengung läuft der göttlichen Einwirkung direkt zuwider. Diese muss in Frieden kommen. Die Stimme des Bräutigams muss die Braut aufwecken, und diese soll nur so weit gehen, als der Heilige Geist sie antreibt. Macht sie sich aus eigenem Antrieb auf den Weg, wird sie gar nichts erreichen. Wenn die Seele also keinen Antrieb und keine Gnade zu solchen Wunderleistungen, wie sie die Heiligen auszeichnen, in sich wahrnimmt, weise sie sich selber mit den Worten zurecht: Gott wollte das von den Heiligen; von mir will er es nicht.

Seelen, die Gott zum Leben in diesem Zustand vollkommener Hingabe beruft, führen ein Erdendasein, das dem des göttlichen Heilandes, der allerseligsten Jungfrau und des heiligen Joseph ähnlich ist. Ihr Leben ist ganz vom Willen Gottes erfüllt. Voll ihm gefügig, sooft er in Geboten oder Eingebungen spricht, leben solche Seelen vor allem gänzlich abhängig von dem, was man den Willen reiner Vorsehung nennen kann. So mag es geschehen, dass sie ein ungemein vollkommenes Leben führen; nach außen jedoch sieht es ganz gewöhnlich und alltäglich aus. Sie kommen ihren Glaubens- und Standespflichten nach, aber andere tun es scheinbar ebenso gut. Ähnlich steht es in allem übrigen. Nichts Packendes, nichts Besonderes tritt an ihnen hervor. Sie schwimmen mit den gewöhnlichen Geschehnissen dahin. Was sie unterscheidet, fällt nicht unter die Sinne, nämlich die Abhängigkeit, worin sie gegenüber dem Willen Gottes leben, der alles für sie fügt. Dieser Wille gibt ihnen bei ihrer ständigen inneren Unterwerfung stets die volle Gewalt über sich selber. So sind Seelen, die wir im Auge haben, kraft ihres Zustandes einsam und frei, nirgends anhaftend, nur darauf bedacht, Gott, dem sie angehören, ruhig zu lieben, treu die Pflicht des Augenblicks zu erfüllen, wie Gott sie gerade will, ohne sich eine Bemerkung zu gestatten, ohne umzukehren, ohne die Folgen zu untersuchen oder das Für und Wider abzuwägen. Es genügt diesen Seelen, schlicht auf dem Weg der reinen Pflicht auszuharren, als gäbe es sonst nichts auf Erden außer Gott und ihrem gegenwärtigen Auftrag. Der gegenwärtige Augenblick gleicht einer Wüste. Die einfältige Seele sieht darin nur Gott, den sie genießt. Sie befasst sich einzig mit dem was er von ihr will. Alles Übrige übergeht sie, vergisst es, stellt es der Vorsehung anheim. Wie ein Werkzeug empfängt und wirkt diese Seele nur so viel, als Gottes Wirken in ihr hervorruft oder durch sie nach außen zustande bringt. Mit dieser Inneren Sammlung geht ein freies und stetiges Mitwirken gepaart. Es ist eingegossen und mystisch. Da nämlich Gott in dieser Seele eine volle, nur seines Befehles gewärtige Handlungsbereitschaft vorfindet, genügt ihm diese gute Einstellung. Er erspart der Seele die Mühe und wirkt selber in ihr alles, was sonst von ihrer Anstrengung und ihrem werktätigen guten Willen herkäme. Es ist, als wenn jemand einen Freund zu einer Reise in seinem Dienst bereit findet und dann selber an dessen Stelle tritt und in der Gestalt seines Freundes den Weg zurücklegt. Dem Freund bleibt da nur noch der gute Wille zum Gang; in Wirklichkeit geht eine andere Kraft für ihn. Dennoch wäre der Gang von seiner Seite frei, denn er hinge ja mit dem freiwilligen Entschluss zusammen, die Reise dem Freund zuliebe, der deren Kosten trägt, zu unternehmen. Ferner wäre der Gang aktiv, denn er würde ja wirklich gemacht. Er wäre eingegossen, da er ohne Eigentätigkeit vor sich ginge. Endlich wäre er mystisch, angesichts seines verborgenen Ursprungs. Doch kommen wir auf die Art der Mitwirkung zurück, die wir durch diesen angenommenen Gang veranschaulichen wollten. Die besagte Mitwirkung unterscheidet sich vollständig von der gewöhnlichen treuen Pflichterfüllung. Letztere ist weder mystisch noch eingegossen, sondern frei und aktiv, wie man es allgemein auffasst. Die Hingabe an Gottes Wohlgefallen nimmt also teil an der Aktivität wie an der

Passivität. Man legt von sich aus nichts hinein, außer einem allgemeinen guten Willen, der, als Werkzeug ohne Eigentätigkeit, alles und nichts will. In der Hand des Werkmeisters lässt sich das Werkzeug innerhalb der Grenzen seiner Art und Beschaffenheit zu allem gebrauchen. Der Gehorsam dagegen zum betonten und bestimmten Willen Gottes fällt unter die gewöhnliche Ordnung der Wachsamkeit, Sorgfalt, Andacht, Klugheit und Vorsicht, je nachdem die Gnade sichtlich hilft oder die gewöhnlichen Anstrengungen hervorruft. In allem übrigen lässt man Gott schalten und walten. Sich selber behält man bloß die Liebe und den Gehorsam zur augenblicklichen Pflicht vor. Denn diesbezüglich wird die Seele immer tätig bleiben. Diese Liebe, die der Seele im Schweigen eingegossen wurde, stellt eine wahre Tätigkeit dar, die sich die Seele zur immerwährenden Pflicht macht. Tatsächlich muss sie diese Liebe unablässig bewahren und immer die Einstellung beibehalten, die sie ihr gab. Offenbar kann das nicht der Fall sein, ohne dass sie tätig ist. Doch diese Tätigkeit unterscheidet sich durchaus vom Gehorsam gegenüber der augenblicklichen Pflicht, wo die Seele über ihre Fähigkeiten frei verfügt, um dem äußern Willen Gottes nachzukommen, und wo sie nicht auf außerordentlichen Beistand angewiesen ist. In diesem göttlichen Willen sieht die Seele in allen Dingen Regel, Richtschnur und Gesetz, den reinen, einfachen und sichern Weg, ihr unwandelbares Gesetz, das jederzeit, allerorten und in allen Lebenslagen für sie gilt. Mutig und getreu geht sie auf dieser geraden Straße vorwärts. Weder nach links noch nach rechts weicht sie ab, unbekümmert um das, was darüber hinausliegt. Solches wird passiv empfangen und in Hingabe ausgeführt. Mit einem Wort, diese Seele ist aktiv in allem, was die gegenwärtige Pflicht vorschreibt. Sie ist passiv und hingegeben in allem übrigen. Nichts Eigenes vermengt sie damit, als dass sie in Frieden den göttlichen Antrieb abwartet.

Dadurch genießt man Gott und besitzt man ihn, dass man sich an den Willen Gottes klammert. Wer den Genuss Gottes auf andere Weise suchen wollte, ginge fehl. Der Wille Gottes dient als allgemeines Mittel dazu. Also nicht eine einzelne Übung oder Tätigkeit führt als solche schon zu Gott, sondern der Wille Gottes, der sie alle heiligt. Der göttliche Wille teilt sich unserer Seele auf tausenderlei Arten mit. Am besten ist für uns immer die Art, die er für uns ausersehen hat. Zwar müssen wir alle Mitteilungsweisen hochschätzen und lieben, denn in allen haben wir die Anordnungen Gottes zu erblicken. Dieser passt sich jede Seele an und wählt den entsprechenden Weg für sie, der sie zur göttlichen Vereinigung führt. Der Seele obliegt es, sich an diese Wahl zu halten, ohne eine andere treffen zu wollen. Dabei schätzt und liebt sie jedoch den göttlichen Willen auch in dem, was er anderen zugedacht hat. Wenn mir z. B. Gottes Anordnung mündliche Gebete nahelegt, Herzenserhebungen oder Einsichten in die Glaubensgeheimnisse einflößt, so werde ich unentwegt auch das Schweigen und die Entblößung hochschätzen und lieben, die in anderen der bloße Glaube hervorruft. Was aber mich betrifft, komme ich der augenblicklichen Pflicht nach, und durch sie vereinige ich mich mit Gott. Ich beschränke nicht wie die Quietisten die ganze Religion auf das Aufhören jeder Eigentätigkeit und unterschiedener Akte, unter Missachtung jedes anderen Mittels. Was die Vollkommenheit ausmacht, ist ja die Anordnung Gottes. Sie lässt der Seele alles ersprießlich werden, was sie ihr bestimmt. Nein, ich lege dem Willen Gottes keine Zwangsjacke an; ich empfange ihn in jeder Gestalt, in der er mir gegenübertritt. Ich werde aber auch alle Erscheinungsweisen achten, unter denen er sich mit anderen vereinigt. Alle schlichten Seelen halten also im Allgemeinen dieselbe Richtung ein. Doch geht eine jede dabei ihren besonderen Weg. Das macht ja gerade die Mannigfaltigkeit des mystischen Kleides der Kirche aus. Alle schlichten Seelen bejahen sich und achten sich gegenseitig. Alle sagen sich: Gehe jede von uns auf ihrem

Weg zum gleichen Ziel; gemeinsam ist uns der Zentralpunkt und das Mittel der Anordnung Gottes, die sich in jeder anders äußert. Mit solchen Augen ist das Leben der Heiligen zu lesen und die geistliche Schriftlesung zu machen. Nie dabei seinen Weg mit einem anderen vertauschen wollen oder ihn verlassen. Deshalb soll unbedingt nur auf die Anordnung Gottes hin gelesen oder ein geistliches Gespräch geführt werden. Wenn nämlich diese Anordnung im Augenblick dazu anhält, so wird die Seele keinen Wechsel vornehmen wollen; sie wird dann im Gegenteil auf ihrem Weg bestärkt, und zwar sowohl durch das, was sie bei ihren Schriftlesungen ihm entsprechend findet, als durch die Abweichungen, die sie davon wahrnimmt. Hält jedoch die Anordnung Gottes zurzeit zu keiner Schriftlesung und keinem geistlichen Gespräch an, so hätte solches nur Unruhe zur Folge, schiefe Auffassungen und Unsicherheit. Denn ohne die Anordnung Gottes kann es nirgendwo eine Ordnung geben. Wie lange wollen wir also unsere Seele noch mit Leiden und Besorgnissen beladen, die mit der Pflicht des gegenwärtigen Augenblicks nichts zu tun haben? Wann wird uns endlich Gott alles in allem werden? Lassen wir die Geschöpfe an uns herantreten, so wie sie sind. Doch nichts darf uns aufhalten. Gehen wir über alles Geschaffene hinaus und suchen wir wirklich von Gott allein zu leben.

Wie losgelöst muss man sein von allem, was man fühlt und tut, will man auf diesem Wege wandeln, wo das Dasein in Gott und der augenblicklichen Pflicht aufgeht! Jede andere Absicht hat da zu verschwinden. Es gilt, sich auf die augenblickliche Pflicht zu beschränken, ohne an die vorhergehende oder nachfolgende zu denken. Vorausgesetzt nun, dass Gottes Gebote stets eingehalten werden und die Seele durch liebende Hingabe fügsam geworden ist gegenüber dem göttlichen Wirken, mag sie zuweilen ein unbestimmtes Etwas empfinden, das ihr das Geständnis abzwingt: Ich fühle mich gegenwärtig zu diesem Menschen oder zu diesem Buch hingezogen, möchte mich belehren lassen oder anderen raten, wollte diese Klage vorbringen, mich jener Seele erschließen oder ihre Eröffnungen empfangen, dies verschenken oder jenes tun. In solchen Fällen heißt es, dieser Anregung unter dem Einfluss der Gnade folgen, ohne sich auch nur einen Augenblick auf Überlegungen, Erörterungen oder Eigenbemühungen einzulassen. So lange widme man sich der betreffenden Sache, als Gott uns dabei festhält; doch bleiben wir nicht aus eigenem Antrieb dabei. Der Wille Gottes leitet uns, denn er lebt ja in uns in dem Zustand, von dem hier die Rede ist. Alle anderen Stützen hat er uns dann zu ersetzen. Jeder Augenblick legt uns irgendeine Tugendübung auf. Die gottergebene Seele kommt dem nach. Nichts von dem, was sie gelesen oder gehört hat, entgeht ihr. Der eifrigste Novize könnte seine Pflichten nicht besser erfüllen. So fühlen sich diese Seelen bald zur einen Schriftlesung, bald zu einer anderen angeregt, zu einer Bemerkung angetrieben, sei es auch über eine Kleinigkeit. Gott kann sie veranlassen, sich zurzeit über etwas belehren zu lassen, was ihnen später in der Tugendübung helfen soll. In allem, was eine solche Seele unternimmt, verspürt sie nur den Antrieb dazu; den Grund davon kennt sie nicht. Sie vermag darüber bloß auszusagen: Ich fühle mich angetrieben: zu schreiben, zu lesen, zu fragen, mich nach etwas umzusehen. Ich folge diesem Antrieb, und Gott, von dem er herkommt, legt in meinen Seelenvermögen mit den Ergebnissen einen Vorrat an. Später werden sie mir dann bei anderen Antrieben als Hilfsmittel dienen, wo ich sie zu meinem und anderer Menschen Nutzen verwenden kann. Dieser Sachverhalt zwingt die Seele, schlicht zu sein, sanft, gefügig und empfänglich für den leisesten Anhauch solcher fast unmerklicher Einflüsse. Bei der Hingabe bildet der gegenwärtige Augenblick die einzige Richtschnur. Die Seele verhält sich dabei leicht wie eine Feder, flüssig wie Wasser, schlicht wie ein Kind. Sie bleibt beweglich wie ein Ball, um jeden Antrieb der Gnade zu empfangen und auszuführen. Flüssigem Metall gleich, weisen solche Seelen keinen

Widerstand und keine Härten mehr auf. Wie das Metall sich der Hohlform angleicht, in die man es gießt, so nehmen sie widerstandslos alle Formen an, die Gott ihnen geben will. Ihre Haltung gleicht der Luft, die jedem Windhauch offensteht; sie gleicht dem Wasser, das sich an jedes Gefäß anschmiegt. Seelen in diesem Zustand bieten sich Gott als vollkommen einheitliche und schlichte Leinwand dar. Sie grübeln nicht lange darüber nach, wie Gott sie wohl bemalen will. Sie vertrauen sich ihm an und geben sich ihm hin. Nur auf ihre Pflicht bedacht, denken sie nicht an sich, noch an das, was sie benötigen, oder an die Mittel, es sich zu verschaffen. Je liebevoller sie ihrem unbedeutenden Tun hingegeben sind, – mag es nach außen noch so einfach, verborgen, geheim und verächtlich erscheinen –, um so mannigfaltiger und schöner gestaltet es Gott durch den Farbenschmuck, den er ihm verleiht. Auf dieser schlichten Leinwand, gewoben aus Liebe und Gehorsam, führen seine Hände die herrlichsten Züge aus, lassen sie die feinste und vollendetste Zeichnung entstehen, bringen sie die erhabensten Gestalten an: „Mirificavit Dominus Sanctum suum – Wunderbar hilft der Herr seinem Liebling." Wohl empfindet eine Leinwand, die sich blindlings dem Pinsel überlässt, immerfort bloß den Pinseldruck. Ähnlich kann einem blinden Stein jeder Hammerschlag nur eine klaffende Wunde schlagen. Der Stein, dem Schlag auf Schlag zugefügt wird, fühlt nichts weniger als das Gebilde, das durch diese Schläge allmählich aus ihm ersteht. Ihn presst nur der Meißel, der ihn verkleinert, aufreißt, entstellt. Wollte man solch einen armen Stein, der etwa zu einem Kruzifix oder einem Standbild werden soll (was er freilich nicht weiß), fragen: Was geht in dir vor?, so könnte seine Antwort nur lauten: Frage mich nicht; denn ich habe ja nichts anderes zu wissen und zu tun, als unter der Hand meines Meisters herzuhalten, ihn zu lieben und sein Tun über mich ergehen zu lassen. Er wird wissen, wie er das Werk, wozu er mich ausersehen hat, zustande bringt. Mir ist verborgen, was er tut und was ich durch sein Wirken werden soll. Ich weiß nur, dass er mit mir das Beste und Vollkommenste vorhat. Jeden Hammerschlag empfange ich also als das, was mir am meisten frommt, obwohl jeder, offen gestanden, in meinem Inneren nur die Vorstellung von Niederbruch, Zerstörung und Entstellung wachruft. Doch ich gehe über all das hinweg; ich stelle mich zufrieden mit dem gegenwärtigen Augenblick und denke nur an meine Pflicht. Ich lasse das Wirken des kundigen Meisters über mich ergehen, ohne es zu kennen und ohne darüber nachzugrübeln.

Ja, teure, schlichte Seelen, überlasst Gott, was ihm zukommt, und bleibt liebend passiv unter seinem Wirken. Seid überzeugt: was sich in euch und um euch abspielt, ist am ersprießlichsten. Lasst Gott gewähren und bleibt ihm hingegeben. Lasst die Schärfe des Meißels und die Spitze der Nadel eindringen. Erlaubt dem Pinsel des Meisters, euch mit einer Farbenfülle zu bedecken, die scheinbar eure Leinwand nur entstellen kann. Beantwortet diese göttlichen Einwirkungen bloß mit der schlichten und gleichförmigen Haltung vollendeter Hingabe, des Vergessens und Aufmerkens auf eure Pflicht. Geht euren Weg. Beschreitet ihn blindlings, ohne auf der Landkarte nachsehen zu wollen, ohne das Woher und Wohin, Namen, Verhältnisse und Orte zu kennen. Das alles wird euch auf passive Weise mitgeteilt. Sucht in Liebe und Gehorsam bloß das Reich Gottes und seine Gerechtigkeit. Alles Übrige wird euch dazugegeben werden. Man trifft manche Seelen an, die sich beunruhigt fragen: Wer vermittelt uns die Heiligkeit, die Vollkommenheit, die Abtötung, und wer führt uns? Sie mögen in Büchern Namen und Eigenschaften, Wesen und Bestandteile dieses Wunderwerkes nachschlagen. Ihr aber sollt durch eure Liebe ruhig in der Einheit Gottes verharren. Wandelt, ohne aufzublicken, den geraden Weg eurer Pflicht; die Engel stehen euch in dieser Nacht zur Seite; ihre Hand beschirmt euch. Wünscht Gott mehr von euch, wird seine Eingebung es euch wissen lassen.

Wenn Gott sich einer Seele zum Führer gibt, so kann er mit Recht verlangen, dass sie ihm bedingungslos folgt und sich in keiner Weise über den Weg beunruhigt, den er mit ihr einschlägt. Die Seele wird also angetrieben, ohne vor ihren Augen den Weg gebahnt zu sehen. Nicht dort geht es durch, wo sie Einblick hatte, noch so, wie sie es las. So wandert Eigentätigkeit, und sie kann nicht anders wandern; sie darf nichts wagen. Das göttliche Wirken jedoch ist immer neu. Es fährt keine ausgefahrenen Geleise, sondern bahnt immer neue Wege. Die Seele weiß unter seiner Führung nicht, wohin die Fahrt geht. Ihre Pfade stehen weder in den Büchern, noch entspringen sie eigener Überlegung. Das göttliche Wirken eröffnet ihr fortwährend die Fortsetzung. Unter seinem Antrieb allein geht sie ihren Weg. Bleibt einem etwas anderes übrig, als sich hinzugeben, wenn ein Führer uns in einem unbekannten Land leitet, zur Nachtzeit, querfeldein, auf unwegsamem Gelände, nach eigener Einsicht, ohne jemand um Rat zu fragen oder uns seinen Plan mitteilen zu wollen? Was würde es helfen, sich umzusehen, wo man wohl stehe, die Vorübergehenden zu befragen, die Karte und Mitreisende um Rat anzugehen? Plan und, wenn man so sagen darf, Laune eines Führers, der will, dass man sich ihm anvertraut, machte all das nutzlos. Er findet seine Lust darin, die Unruhe und das Misstrauen der Seele Lügen zu strafen. Er wünscht rückhaltlose Hingabe. Die klare Einsicht, dass er gut führt, könnte weder Glaube noch Hingabe heißen. Das göttliche Wirken ist wesentlich gut. Darum will es nicht umgestaltet und nicht überprüft sein. Es begann mit Erschaffung der Welt. Bis heute liefert es immer neue Beweise seines Könnens. Es setzt seiner Tätigkeit keine Grenzen und seine Fruchtbarkeit erschöpft sich nie. Gestern vollbrachte es dies, heute tut es jenes. Immer ist es das gleiche Wirken, und jeden Augenblick zeitigt es neue Ergebnisse und wird es ewig solche zeitigen. Nach anderen Ideen schuf es einen Abel, einen Noah und einen Abraham. Isaak stellte etwas Neues dar, Jakob wiederholte ihn nicht, und Joseph wiederholte nicht Jakob. Für Moses findet sich unter seinen Vätern kein Ebenbild. David und die Propheten tragen ein anderes Gepräge als die Patriarchen. Sie alle übertrifft der hl. Johannes der Täufer. Jesus Christus steht als Erstgeborener einzig da. Die Apostel handeln mehr unter dem Einfluss seines Geistes, als dass sie seine Taten kopieren. Jesus Christus hat sich keineswegs Schranken gesetzt. Er hat nicht alle seine Aussprüche buchstäblich befolgt. Immer leitete der Heilige Geist seine heilige Seele. Da sie stets unter dessen Einfluss stand, brauchte sie nicht den verflossenen Augenblick zu befragen, um den folgenden gestalten zu können. Der Anhauch der Gnade formte alle Augenblicke Jesu nach dem Vorbild der ewigen Ideen, die die Allerheiligste Dreifaltigkeit in ihrer unsichtbaren und undurchdringlichen Weisheit barg. Die Seele Jesu Christi empfing jeden Augenblick deren Anordnungen und setzte sie in die Tat um. Das Evangelium zeigt uns die Abfolge dieser Ideenverwirklichung im Leben Jesu Christi. Doch noch immer lebt und wirkt dieser gleiche Jesus und wirkt Neues in den heiligen Seelen. Verlangt es dich, dem Evangelium gemäß zu leben? Lebe rein und voll hingegeben an Gottes Wirken, dessen oberster Vermittler Jesus Christus ist! Er war gestern; er lebt noch heute, doch um sein Leben fortzusetzen, nicht um es von neuem zu beginnen. Was er getan hat, bleibt getan. Was zu tun übrigbleibt, geschieht jeden Augenblick. Jeder Heilige empfängt einen Teil dieses göttlichen Lebens. In allen ersteht der nämliche Jesus anders. Das Leben jedes Heiligen ist das Leben Jesu Christi, ist ein neues Evangelium. Die Wangen des Bräutigams werden mit Gartenbeeten verglichen voll duftender Blumen. Und das göttliche Wirken spielt den Gärtner, der die Beete wunderbar anlegt. Kein Beet ist dabei dem anderen völlig gleich. Keine zwei Blumen stimmen restlos miteinander überein oder könnten gleich genannt werden, es sei denn in der Treue, womit sie das Wirken des Schöpfers beantworten. Ihn lassen sie beliebig mit sich verfahren, gemäß den Gesetzen, die er in ihre Natur hineingesenkt hat. Gott machen lassen und tun, was er von uns fordert: darin liegt das Evangelium, die gesamte Bibel und das Gesetz für alle.

Darin besteht also der gerade Weg zur Heiligkeit; darin der Stand der Vollkommenheit samt seinen Pflichten; darin das große, unvergleichliche Geheimnis der Hingabe: dieses geheimnislose Geheimnis, diese ungekünstelte Kunst. Gott, der die Vollkommenheit von allen fordert, hat sie sehr deutlich erklärt und leichtverständlich und äußerst einfach gemacht. Was auf dem Weg des reinen Glaubens dunkel bleibt, ist somit nicht das, was von der Seele verlangt wird. Im Gegenteil, nichts könnte klarer und einleuchtender sein. Das Geheimnis liegt lediglich in dem, was Gott selbst tut. Ein Vergleich mit dem Altar-sakrament möge das veranschaulichen. Was es braucht, um Brot in den Leib Christi zu verwandeln, ist so leicht und einfach, dass auch der ungebildetste Priester dazu imstande ist. Und doch handelt es sich hier um ein abgrundtiefes Geheimnis, wo alles so verschleiert, dunkel und unfassbar dasteht, dass man um so mehr Glauben benötigt, es anzunehmen, als man erleuchteter und im geistlichen Leben weiter fortgeschritten ist. Ähnlich verhält es sich mit dem Weg des reinen Glaubens. Er lässt Gott jeden Augenblick finden. Dies ist seine Wirkung. Könnte es etwas Erhabeneres, tiefer Mystisches und Beglückenderes geben? Ein unerschöpflicher Abgrund von Einsichten, Reden und Schriftweisheit hat sich damit aufgetan; eine überreiche Wunderquelle sprudelt. Was braucht es nun, um diese einzigartige Wirkung zu erreichen? Nur eines: Gott machen lassen und seinem Stande gemäß Gottes Willen tun. Nichts könnte im geistlichen Leben leichter und allen zugänglicher sein. Aber auch nichts ist wunderbarer; kein Weg so dunkel wie dieser. Tiefer Glaube ist nötig, um darauf zu wandeln. Alles kommt einem hier um so verdächtiger vor, als die Vernunft ständig Einsprache erhebt. All ihre Einsichten sind ja auf den Kopf gestellt. Nichts findet sich da, was sie gesehen oder gelesen hätte oder zu bewundern pflegt. Sie steht etwas ganz Neuem gegenüber. – Waren die Propheten Heilige, so kann es sich bei diesem Jesus nur um einen Dunkelmann handeln; so urteilen die Juden. Wie mangelt es der Seele an Glauben, die in ähnlicher Weise Anstoß nimmt, und wie verdient sie die Wunder zu verlieren, die Gott in ihr wirken wollte!

2.3 Prüfungen im Zustand der Hingabe

Nichts ist so sicher wie der Weg der Hingabe. Nichts klarer, leichter, sanfter, weniger dem Irrtum und der Täuschung unterworfen. Man liebt dabei Gott, lebt seinen Christenpflichten nach, empfängt häufig die Sakramente, erfüllt die äußern allgemein verpflichtenden Religionsübungen. Man gehorcht den Vorgesetzten, hält sich an die Standespflichten, führt einen ständigen Kampf gegen die Regungen von Fleisch und Blut und gegen die Lockungen des Teufels. Niemand achtet so gewissenhaft darauf, keine Pflicht zu versäumen, wie Seelen, die auf dem Hingabeweg wandeln. Und trotzdem, wie kommt es doch, dass sie so oft auf Widerspruch stoßen? Sehr häufig in der Weise, dass man sie, die bereits allen Forderungen peinlich genau wie andere Christen entsprochen haben, noch zu hemmenden Übungen anhalten will, wozu die Kirche doch niemand verpflichtet. Fügen sie sich nicht, so nennt man sie in Täuschung befangen. Doch sage mir: Geht ein Christ irre, wenn er die Gebote Gottes und der Kirche beachtet, aber im Übrigen, ohne weitere Schriftmeditationen, Schriftlesungen und besondere Frömmigkeitsübungen in der Welt lebt und seinen Geschäften nachgeht? Es fällt einem gar nicht ein, ihn deshalb eines Irrwegs zu zeihen. Bleibe man also folgerichtig. Lässt man den Christen, von dem eben die Rede war, gewähren, so ist es nur recht und billig, auch eine Seele nicht zu behelligen, die sich nicht mit einem Mindestmaß gewissenhafter

Pflichterfüllung begnügt, sondern überdies noch äußere Andachtsübungen verrichtet, die jener gar nicht kennt und die ihn, redete man ihm davon, kalt ließen. Man geht aber so weit zu behaupten, diese Seele lebe in einer Täuschung befangen. Aber unterwirft sie sich nicht allen Vorschriften der Kirche? Allerdings bindet sie sich nicht weiter, doch nur, um jederzeit, wenn keine andere Pflicht ruft, ungehindert der Inneren Einwirkung Gottes und dem Antrieb seiner Gnade folgen zu können. Kurz, man verurteilt diese Seele, weil sie die Zeit, die andere mit Spiel und weltlichen Geschäften zubringen, zur Gottesliebe verwendet. Liegt darin nicht ein schreiendes Unrecht? Man kann diesen Punkt gar nicht genug betonen. Geht jemand den ausgetretenen Weg der Menge, beichtet er einmal jährlich, so hält man sich nicht darüber auf und lässt ihn gewähren. Höchstens mahnt man ihn gelegentlich, etwas mehr zu tun, ohne jedoch übermäßig darauf zu drängen und ohne von einer Pflicht zu reden. Stellt er sich jedoch um, verlässt er den gewöhnlichen Weg, so überschüttet man ihn mit Anweisungen, Verhaltungsregeln und Vorschriften. Will er sich trotzdem nicht binden und folgt er keiner bestimmten Methode, so ist das Urteil fertig: Man fürchtet alles für ihn, und sein Weg wird verdächtig. Bedenkt man denn nicht, dass alle Übungen, auch die besten und löblichsten, schließlich nur den Weg zur Gottvereinigung bilden? Soll nun jemand, der schon am Ziel angelangt ist, wieder auf den Weg zurücktreten? Ebendas verlangt man aber von der Seele, die man in einer Täuschung befangen glaubt. Anfangs folgte sie wie andere einer Methode. Gleich ihnen kannte sie bestimmte Übungen und hielt sich treu daran. Jetzt aber wollte man sie umsonst gewaltsam darauf zurückdrängen. Gott war gerührt ob ihrem Bemühen, auf besagtem Weg Fortschritte zu machen. Er kam ihr gleichsam zuvor und übernahm es selbst, sie der seligen Vereinigung entgegenzuführen. So gelangte die Seele bereits in das herrliche Land, wo man nur Hingabe atmet und Gott in Liebe zu besitzen beginnt. Dieser Gott voll Güte stellte sich an die Stelle der früheren eifrigen Bemühungen der betreffenden Seele und machte sich zum Ursprung ihres Tuns. Alles Systematische im geistlichen Leben hat seither für sie seinen Wert eingebüßt. Es liegt als überwundene Wegstrecke hinter ihr. Von der Seele nun fordern, sie müsse diese Methoden wiederaufnehmen und weiter anwenden, hieße, sie vom erreichten Ziel abbringen und auf den Weg zurückrufen wollen, der dorthin führt. Man bemüht sich übrigens umsonst. Wenn eine solche Seele über irgendwelche Erfahrung verfügt, so mag sie von innen und außen rufen hören, es ficht sie all dieser Lärm wenig an. Sie bleibt solchem Rufen gegenüber taub und verharrt ungestört, und ohne auch nur im Geringsten zu wanken, in dem tiefen Frieden, der ihrer Liebe soviel Raum gewährt. Das ist der Mittelpunkt, in dem sie ausruht. Oder, wenn man will, das ist die von Gott selbst gezogene gerade Linie, die sie unverrückt einhält. Sie wird davon nicht abweichen, und jederzeit zeichnen sich all ihre Pflichten darauf ab. Sie folgt dieser Linie und kommt ohne Verwirrung und ohne Überstürzung ihren Obliegenheiten nach, wie sie sich gerade ergeben. In allem Übrigen jedoch bewahrt sich die Seele volle Freiheit. Stets bleibt sie bereit, den Anregungen der Gnade Folge zu leisten, sobald sie sich kundgeben, und sich der Sorge der Vorsehung zu überlassen. Gott versicherte ihr im Inneren, er wolle ihre Führung übernehmen und sie nach seinem Willen lenken. Er gab ihr zu verstehen, dass sie ihre Freiheit nicht könnte anketten lassen, ohne gegen seine Schöpferrechte zu verstoßen. Sie fühlt, würde sie die Vorschriften von Seelen befolgen, die aus eigener Anstrengung und mit eigenem Bemühen vorgehen, ohne den Antrieb der Gnade abzuwarten, so gingen ihr tausend Dinge ab, deren sie notwendig für ihre künftige Pflichterfüllung bedarf. Doch davon weiß man nichts. Und so verurteilt man sie und tadelt sie in ihrer Einfalt. Und sie, die niemanden tadelt, die alle Zustände gutheißt, deren Stufen und Entwicklungsgang sie so vorzüglich anzugeben weiß, sie wird verachtet von den falschen Gelehrten, die ihre sanfte und herzliche Unterwerfung unter die Vorsehung nicht leiden können. Die Weisheit dieser Welt fand keinen Geschmack am beständigen Wanderleben der Apostel, die sich nirgendwo niederließen. So können auch die durchschnittlichen Frommen eine Seele nicht ausstehen, die in ihrem Tun derart von der Vorsehung abhängt. Nur einige wenige, die denselben geistlichen Entwicklungsgang durchmachen, heißen sie gut. Und Gott, der Menschen durch Menschen unterrichtet, lässt die einfältige und gottergebene Seele immer wieder auf solche Menschen stoßen. Übrigens benötigt eine derartige Seele der Leitung weniger als andere. Denn nur durch ganz hervorragende Führer konnte sie so weit gelangen. Bleibt sie nun eine Zeitlang sich selbst überlassen, so fügte auch das die Vorsehung, indem der Tod oder sonst ein Umstand ihr die Führer wegnahm, die sie auf diesen Weg hinlenkten. Doch selbst jetzt bleibt sie stets bereit, sich leiten zu lassen, und wartet in Ruhe die Zeit der Vorsehung ab. Da tauchen denn unversehens immer wieder ihr bisher unbekannte Menschen auf, zu denen sie ein geheimes Zutrauen verspürt, das Gott ihr zur Zeit ihrer Verwaisung einflößt. Daraus erkennt sie dann, dass er sich dieser Fremden bedienen will, um ihr einige, wenn auch nur flüchtige Einsichten zu vermitteln. So holt sich die Seele bei ihnen Rat und befolgt die erhaltenen Winke äußerst fügsam. Mangels solcher Hilfsmittel hält sich die Seele an die Anweisungen der frühem Seelenführer. Auf diese Art bleibt sie durch vordem empfangene oder die erwähnten gelegentlichen Weisungen tatsächlich nie ohne Führung. Diese Winke dienen ihr so lange, bis Gott ihr jemand zusendet, der ihr Vertrauen gewinnt und ihr Gottes Willen zu erkennen gibt.

Eine weitere Prüfung für Seelen, die Gott auf diesem Wege führt, ergibt sich aus ihrer scheinbaren Unbrauchbarkeit und ihren äußeren Fehlern. Weder Ehre noch Gewinn fällt ab für einen Auftrag, der häufig unter der größten Entblößung und Unbrauchbarkeit vor den Augen der Welt verborgen ist. Gewiss, wer mit sehr wichtigen Aufgaben betraut wurde, ist deshalb vom Zustand der Hingabe nicht notwendigerweise ausgeschlossen. Noch weniger ist dieser Zustand unvereinbar mit den glänzenden Tugenden jener Heiligkeit, die mit Recht eine allgemeine Verehrung genießt. Doch wieviel zahlreicher sind Seelen in diesem erhabenen Zustand, deren Tugend Gott allein kennt! Durch ihre Veranlagung fallen fast alle äußern Aufgaben für sie weg. Denn sie verstehen wenig vom Umgang mit der Welt, von Geschäftsführung und der Leitung schwieriger Unternehmungen. Scheinbar sind sie zu Allem unnütz. Man sieht in ihnen nur körperlich und geistig schwächliche Menschen, mit wenig Phantasie und wenig Gemüt. Sie unternehmen nichts; sie sind sozusagen ganz unbeholfen. Es gebricht ihnen an alledem, was Kultur, Studium und Überlegung einem Menschen verleihen. Sie gleichen Kindern, die noch von keinen Erziehern in die Hände genommen worden waren. Ihre Fehler fallen sofort auf; nicht, dass sie sich dadurch missliebiger verhielten als Kinder, aber sie stoßen mehr an als jene. Gott nimmt eben diesen Seelen alles, ausgenommen ihre Einfalt; ihn allein sollen sie besitzen. Der Welt ist dieses Geheimnis verborgen. So urteilt sie nach dem bloßen Schein. Infolgedessen findet sie nichts an diesen Seelen, woran sie Gefallen finden könnte und das sie hochschätzt. Darum stößt sie solche Seelen zurück und verachtet sie. Sie werden zum Spielball der Kritik aller. Je näher man ihnen steht, um so weniger macht man sich aus ihnen und um so mehr fühlt man sich gegen sie eingenommen. Man weiß nicht, was von ihnen sagen und denken. Und doch spricht ein unbestimmtes Etwas zu ihren Gunsten. Anstatt jedoch diesem Gefühl zu folgen, oder wenigstens mit dem Urteil zurückzuhalten, lässt man lieber seinem Widerwillen freien Lauf. Ihre Handlungen werden ausgespäht und jeder fällt auf seine Weise darüber her. Wie die Pharisäer das Verhalten Jesu nicht leiden konnten, so betrachtet die Welt auch diese Seelen derart voreingenommen, dass alles, was sie tun, lächerlich und verkehrt dasteht.

Stehen Seelen, die Gott zu diesem Zustand erhebt, in den Augen anderer verächtlich da, so noch mehr in ihren eigenen. Was sie erdulden oder tun, ist ausnahmslos geringfügig und äußerst demütigend. Nichts Hervorstechendes tritt an ihnen zutage, sondern nur Gewöhnliches. Innen Verwirrung, außen Widerspruch und Durchkreuzung ihrer Pläne. Schwach und tausend Nöten unterworfen ist ihr Leib; ganz im Gegensatz zur Armut und zu den Strengheiten, die an den Heiligen bewundert werden. Kein großzügiges Unternehmen, keine besonderen Fasten, keine ungewöhnlichen Almosen, kein glühender und weltumspannender Eifer wird an ihnen wahrgenommen. Nur durch Glauben und Liebe mit Gott vereinigt, scheint diesen Seelen alles Äußere an ihnen in Unordnung zu sein. Ihre Selbstverachtung steigert sich noch, wenn sie sich mit solchen vergleichen, die als Heilige gelten und die, angesichts ihrer Eignung für ein Leben nach Richtschnur und Regel, in ihrem ganzen Wesen und all ihrem Tun und Lassen die verkörperte Regelmäßigkeit sind. Da werden sie denn beim Blick auf sich selber tief beschämt und mögen sich gar nicht ausstehen. Sie seufzen und klagen in ihrem Inneren und geben so ihrem Schmerz und Kummer Ausdruck. — War nicht Jesus Christus Gott und Mensch zugleich? Doch als Mensch war er wie vernichtet, als Gott freilich mit Glorie erfüllt. Ohne an seiner Glorie teilzunehmen, nehmen diese Seelen infolge ihrer äußerlich jämmerlichen und schmerzhaften Lebenslage an seinem Absterben und seiner Vernichtung teil. Vor den Menschen stehen sie da wie Jesus vor Herodes und seinem Hofe. Diese armen Seelen werden also äußerlich und innerlich mit einer ausgesprochen widerlichen Speise genährt. Nichts gibt es, was ihnen munden könnte. Sie sehnen sich nach ganz etwas Anderem. Doch alle Zugänge zur heißersehnten Heiligkeit bleiben ihnen verschlossen. Sie müssen das Brot der Kümmernis essen, ein Aschenbrot; müssen sich ständig innerlich und äußerlich Gewalt antun. Ein Heiligkeitsideal schwebt ihnen vor, das sie unaufhörlich und unheilbar quält.

Wohl hungert ihr Wille danach; aber er bleibt ungesättigt. – Wozu das alles, wenn nicht, um die Seele sogar im Geistigsten und Tiefsten abzutöten? Sobald sie dann in nichts mehr, was ihr begegnet, Geschmack und Genügen findet, bleibt ihr nur noch der eine Ausweg: ihre ganze Freude in Gott zu suchen, der sie eigens diesen Weg gehen lässt, damit sie sich mit ihm allein begnüge. Aus dem Gesagten lässt sich unschwer ersehen, dass solche gottergebenen Seelen nicht imstande sind, wie andere auf weite Sicht etwas vorzusehen, sich mit Sorgen und Aufgaben zu belasten, Verbindungen einzugehen, gewisse Pläne zu verfolgen, methodische Arbeitsweisen im Tun und Lassen einzuhalten. Das alles würde voraussetzen, dass sie noch über sich verfügen. Doch das ist ja durch den Zustand der Hingabe, in dem sie sich befinden, nicht mehr der Fall. In diesem Zustand gehört die Seele dermaßen Gott an, dass sie ihm alle Rechte über sich eingehändigt hat: das Recht auf Reden und Tun auf Denken und Unternehmen, auf den Gebrauch der Zeit und alles, was damit zusammenhängt. Nur ein Verlangen blieb übrig: immerfort das Auge auf den erwählten Meister gerichtet zu halten und stets aufzuhorchen, um seinen Willen zu erlauschen und unverzüglich auszuführen. Keine Lebenslage veranschaulicht diesen Zustand besser als die Stellung eines Hausdieners. Er steht seinem Herrn lediglich zur Seite, um jeden Augenblick seinen Anordnungen nachkommen zu können. Er hat keine Zeit für seine eigenen Geschäfte. Er muss sie liegenlassen, um allezeit für seinen Herrn bereitzustehen. – Doch solche Seelen mögen sich über ihr Unvermögen nicht beunruhigen. Viel vermag, wer sich vollständig den Händen eines allmächtigen Meisters zu überlassen versteht. Dieser ist fähig, Größtes mit schwächsten Werkzeugen auszuführen, falls sie ihm nicht widerstehen. Finden wir uns also ruhig damit ab, dass die Schale unseres Daseins uns in unseren und anderer Augen demütigt. Oder vielmehr, verbergen wir uns unter dieser Schale und genießen wir Gott, unser einziges wahres Gut. Benützen wir derartige

Schwächen, Nöte, Sorgen, Nahrungsbedürfnisse und Erholungs-
notwendigkeiten, Misserfolge und Verachtung von Seiten anderer, Befürchtungen, Ungewissheit, Beängstigung, um unser ganzes Glück im Genuss Gottes zu suchen. Durch das alles schenkt er
sich uns ganz als unser einziges Gut. Gott will in uns arm sein und
ohne jenen Strahlenkranz der Heiligkeit, den man an einer Seele
anstaunt. Gott will allein die Nahrung unseres Herzens bilden; an
ihm allein sollen wir Gefallen finden. Wir sind so schwach, dass,
wenn Strenge, Eifer, Freigebigkeit, Armut ihren Glanz in uns geltend machen könnten, wir unsere Freude zum Teil in diese setz-
ten. So aber liegt auf unserem Weg nur Unangenehmes. Dadurch
wird uns Gott allein zur Heiligung und Stütze. Und die Welt kann
uns nur verachten und uns in Frieden unseren Reichtum genießen
lassen. Von allem, was es in uns Heiliges gibt, will Gott der Ursprung sein. Daher muss alles, was von uns und unserer aktiven
Treue abhängt, so geringfügig aussehen und scheinbar dem Heiligwerden widersprechen. In Gottes Augen darf nur das in uns
groß sein, was auf passivem Weg entsteht. Denken wir also nicht
mehr an die Heiligkeit; überlassen wir diese Sorge Gott. Er weiß,
wie sie bewerkstelligen. Alle Mittel dazu hängen von einem besonderen Schutz und einem besonderen Walten der Vorsehung
ab. Sie wirken für gewöhnlich uns unbewusst, ja durch das, was
uns am meisten widerstrebt und was wir am wenigsten erwarten.
Erfüllen wir in Frieden die unscheinbaren Pflichten, die unsere
aktive Treue voraussetzen, ohne nach Großem Ausschau zu halten: denn nicht durch unsere Bemühungen will sich Gott uns mitteilen. So werden wir die Heiligen Gottes, seiner Gnade und besonderen Vorsehung sein. Er weiß, auf welche Stufe er uns heben
will; lassen wir ihn gewähren. Ohne uns noch falsche Vorstellungen zu machen und eitle Heiligkeitstheorien auszudenken, begnügen wir uns damit, Gott zu lieben und den Weg zu verfolgen,
den er uns angewiesen hat, mag auch darauf alles in unseren und
der Welt Augen noch so geringfügig aussehen.

Weit schmerzlicher noch fällt der Seele, die nur Gott lieben will, eine andere Prüfung. Wir meinen ihr Unvermögen, Gott ihre Liebe zu bekunden. Früher erkannte sie durch Einblicke und Erleuchtungen, worin der Weg ihrer Vervollkommnung bestand. Ganz anders jetzt. Gegenwärtig teilt sich ihr die Vollkommenheit gegen jede Einsicht, gegen jede Erleuchtung und Empfindung mit. Sie wird ihr zuteil durch die Kreuze, die ihr die Vorsehung auferlegt, durch die augenblickliche Pflichterfüllung, durch gewisse Antriebe, die nur das Gute an sich haben, dass sie nicht zur Sünde verleiten. Aber kein erhabener Heiligkeitsschimmer ruht darauf, und alles Außerordentliche wahrer Tugend scheint diesen Dingen völlig fremd zu sein. Der verborgene und verschleierte Gott schenkt sich mit seiner Gnade auf ganz verborgene Weise. Denn die Seele fühlt nur Schwäche zum Kreuztragen, nur Widerwillen gegen ihre Obliegenheiten. Und bloß zu ganz gewöhnlichen Übungen fühlt sie sich angetrieben. Das Heiligkeitsideal, das ihr vorschwebt, wirft ihr eine niedrige und verächtliche Verfassung vor. Alle Heiligenleben verurteilen sie. Sie nimmt nichts zu ihrer Verteidigung wahr. Eine lichtumflutete Heiligkeit steht ihr vor Augen, die sie untröstlich macht, denn es gebricht ihr an jeder Kraft, sich dazu aufzuschwingen. Und ihre Schwäche kommt ihr keineswegs als göttliche Zulassung vor, sondern als Feigheit. Alle durch Tugend oder Geistesschärfe hervorragenden Leute, die sie kennt, begegnen ihr mit Verachtung. Welch seltsame Heilige, sagen sie. Die Seele glaubt dies und wird ganz verwirrt ob so vieler unnützer Anstrengungen, die sie machte, um ihrer Niedrigkeit zu entrinnen. Mit Schmach gesättigt, weiß sie nicht, was sie sich und anderen antworten soll. In diesem Zustand kommt sich die Seele wie verloren vor. Keine Stütze mehr; weder Überlegungen, die sie einst leiteten und ihr Tun beseelten, noch die Gnade, die sich nicht mehr fühlen lässt. Doch gerade in diesem Verlust findet sie alles wieder. Denn diese Gnade wurde sozusagen mit sich selber ausgetauscht und erscheint nun in neuer Gestalt, wobei sie der Seele durch die Reinheit ihres verborgenen Einflusses das Hundertfache dessen wiedergibt, was sie ihr raubte. Zweifellos bedeutet es für die Seele einen harten Schlag, den Willen Gottes, der sich vor ihr zurückzog, aus dem Auge verloren zu haben. Er hat sich sozusagen hinter sie gestellt und schiebt sie nun vor sich her. Er schwebt ihr nicht mehr deutlich wahrnehmbar vor, sondern wirkt nur noch als unsichtbare Triebfeder. Die Erfahrung lehrt, dass nichts wie dieser scheinbare Verlust das Verlangen in der Seele entzündet, mit dem göttlichen Willen eins zu werden. Wie seufzt sie da auf! Aber es fehlt jeder Trost. Welches Geheimnis der Liebe liegt darin, dass Gott einem Herzen geraubt wird, das nur Gott will! Tief ist es fürwahr, denn auf diesem Weg, und nur auf diesem, werden der lautere Glaube und die lautere Hoffnung in einer Seele heimisch. Da glaubt man wirklich, was man nicht sieht, und erwartet, was man nicht fühlt. O, wie vervollkommnet uns dieses unbekannte Verfahren eines Wirkens, dessen Gegenstand und Werkzeug man geworden ist, ohne dass es irgendwie danach aussieht! Scheinbar geschieht alles, was man tut, zufällig und aus natürlicher Neigung. Alles demütigt die Seele. Spricht sie unter einer Eingebung, so glaubt sie, rein natürlich zu sprechen. Nie erkennt sie klar, welcher Geist sie treibt. Der göttlichste Hauch erschreckt sie. Was immer sie tut und empfindet, verachtet sie unablässig, als wäre alles fehlerbelastet und mangelhaft. Die anderen rufen ihre Bewunderung hervor; hundert Fuß glaubt sie sich ihnen unterlegen. Deren ganzes Tun und Lassen beschämt sie. Misstrauisch gegenüber allen ihren Erleuchtungen, möchte sie für keine Einsicht bürgen. Äußerst unterwürfig fügt sie sich dem leisesten Wink und hält ihn für richtig. Um die Seele in einer tiefen Demut zu befestigen, hat Gottes Wirken ihr scheinbar alle Kraft genommen. Doch auch diese Demut kommt der Seele nicht als Tugend vor; sie betrachtet sie als ganz selbstverständlich. Am merkwürdigsten aber ist die Tatsache, dass, wer von Gott für diesen Weg kein Verständnis erhielt, die

Seele genau von der entgegengesetzten Einstellung beherrscht glaubt. Und ihr selber kommt es so vor. Scheinbar hat man es bei ihr bloß mit unheilbarer Hartnäckigkeit, Ungehorsam, Unruhe, Verachtung und Auflehnung zu tun. Doch je mehr die Seele diese Fehler beheben möchte, um so mehr wachsen sie. Denn sie liegen in Gottes Absicht, als beste Mittel, die Seele davon loszulösen und auf die Vereinigung mit Gott vorzubereiten. Aus dieser ungemein schmerzlichen Prüfung stammt das Hauptverdienst der Hingabe. Alles ist im gegenwärtigen Augenblick dazu angetan, die Seele vom Weg der Hingabe und des schlichten Gehorsams abzubringen. Heldenhafte Liebe und gewaltiger Mut sind da vonnöten, um noch unerschüttert in der schlichten aktiven Treue zu verharren und seine Stimme fest weiter zu singen, während die Gnade die ihrige singt, aber nach einer Melodie und Begleitung, woraus die Seele nur Selbsttäuschung und Verlorensein heraushört. Nichts anderes klingt nämlich an ihr Ohr. Bringt sie aber den Mut auf, den Donner rollen zu lassen, die Blitze zucken zu sehen und das Ungewitter sich austoben zu lassen, und geht sie festen Fußes auf dem Weg der Liebe, der Pflichterfüllung und der Fügsamkeit gegenüber dem augenblicklichen Antrieb weiter, so gleicht sie fürwahr der Seele Jesu Christi. Sie trägt dann deren Leidenszustand in sich. Während seines Leidens wandelte ja auch der göttliche Erlöser gleichen Schrittes in der Liebe zu seinem Vater und in der Unterwürfigkeit gegenüber dessen Willen, obgleich von ihm gefordert wurde, was der Würde einer so heiligen Seele, wie die seinige es war, scheinbar völlig zuwiderlief. Jesu und Marias Herz trotzten jedoch dem Lärm dieser finstern Nacht. Sie sahen die Wolken von Blitzen zerrissen und ließen den Sturm toben. Eine Flut von Geschehnissen, scheinbar im grellen Widerspruch zu Gottes Plänen und seinen Anordnungen, stürzte sich auf ihre Seelenvermögen nieder. Jeden sichtbaren Halts beraubt, wandelten sie dennoch unentwegt in ihrem Seelengrund auf dem Pfad liebenden Gehorsams. Nur was sie zu tun hatten, fesselte ihr Auge.

Sie ließen Gott mit sich umgehen, wie er wollte. Dabei fühlten sie die volle Wucht des göttlichen Wirkens, seufzten unter dessen Schwere, aber sie wankten nicht. Keinen Augenblick hielten sie inne. Sie waren überzeugt, dass alles gut ausgehen würde, wenn nur das Herz Gott machen ließe und auf seinem Weg ausharrte.

Das Gesagte zeigt, wie auf diesem Weg reinen Glaubens alles, was in Leib und Seele und im Leben draußen vorgeht, die Maske des Todes trägt. Man wundere sich darüber nicht. Was will man: so ist nun dieser Zustand einmal. Gott hat seine Absichten mit den Seelen. Unter düsteren Hüllen erreicht er sie ausgezeichnet. Unter düsteren Hüllen, das heißt, mittels Misserfolgen, leiblichen Gebrechen und geistigen Schwächen. Unter Gottes Hand gelingt alles und wendet sich alles zum Guten. Mittel, die die Natur zum Verzweifeln bringen, sind für Gott wie gemacht, um seine erhabensten Pläne durchzuführen: „Omnia cooperantur in bonum iis, qui secundum propositum vocati sunt sancti – Den Auserwählten gereicht alles zum Besten" (Röm 8,28). Aus dem Todesschatten lässt Gott Leben erstehen. Wollen die Sinne verzagen, nimmt der Glaube alles willig hin und ist voller Mut und Zuversicht. Wenn also das göttliche Wirken alles umfasst, alles lenkt, alles tut, nur die Sünde ausgenommen, so hat der Glaube die Pflicht, es in allem anzubeten, zu lieben, mit offenen Armen zu empfangen. Mit freudestrahlendem Gesicht gehe man ihm also vertrauensvoll entgegen. In allem suche man über den Augenschein hinauszukommen, der gerade durch sein Dunkel dem Glauben zum Triumph verhilft. So ehrt man Gott und so behandelt man ihn als Gott. Aus dem Glauben leben heißt also: aus der Freude, der Zuversicht, der Gewissheit, dem Vertrauen leben; und das in allem, was es jeden Augenblick auf Gottes Anordnung hin zu tun oder zu leiden gibt. Um dieses Glaubensleben aufrechtzuerhalten und zu vertiefen, lässt Gott die Seele so viel durchmachen; deshalb wirft er sie in den Strudel so mancher Pein, Verwirrung, Angst, Mattigkeit und Leere. Denn es braucht Glauben, um

Gott in alledem zu finden. Das göttliche Leben teilt sich uns immerfort auf unbekannte Weise mit, aber ganz sicher in Gestalt körperlichen Absterbens, seelischer Verlassenheit, durchkreuzter Unternehmen. Von alledem zehrt der Glaube und findet daran seinen Halt. Er kommt über all das hinaus und nimmt zu Gott seine Zuflucht, der ihm das Leben schenkt. Überall, wo keine Sünde droht, muss eine gläubige Seele stets zuversichtlich vorwärtsschreiten. In allem hat sie die Hülle und Verkleidung Gottes zu erblicken, dessen verborgene Gegenwart die Seelenvermögen zugleich erschreckt und beruhigt.

Tatsächlich verleiht dieser große Gott, der die Demütigen tröstet, der Seele auch inmitten äußerster Trostlosigkeit die innere Gewissheit, dass sie nichts zu fürchten hat. Nur muss sie ihn gewähren lassen und sich ihm vollständig anheimgeben. Sie bangt, ihren Vielgeliebten verloren zu haben; und doch sagt ihr etwas, dass sie ihn besitzt. Sie ist verwirrt und zerrissen; indes ein entscheidendes Gewicht sie zutiefst in ihrem Inneren beständig auf Gott hinzieht. „Gott weilt wahrhaft an diesem Ort, und ich wusste es nicht", sprach einst Jakob. So suchst auch du Gott, teure Seele, und dabei ist er überall. Alles verkündet ihn dir. Alles schenkt ihn dir. Er ging dir zur Seite, er umgab dich, er durchdrang dich und weilt in dir, ja er bleibt in dir: und du suchtest ihn! Du bemühtest dich um eine Vorstellung von Gott, und besaßest ihn dabei wesentlich! Du jagst der Vollkommenheit nach, indes sie in allem liegt, was dir ungesucht begegnet! In Gestalt deiner Leiden, deines Tuns, der Antriebe, die du empfängst, tritt dir Gott selber entgegen. Dieweil bemühst du dich umsonst um erhabene Vorstellungen, mit denen er sich nicht bekleiden will, um bei dir Wohnung zu nehmen. Martha war bestrebt, Jesus durch dienstbeflissene Aufwartung zufriedenzustellen. Maria Magdalena stellte sich mit Jesus selber zufrieden, so wie er sich ihr geben wollte. Doch Jesus täuschte sogar Maria Magdalena. Er erschien ihr in

Gestalt eines Gärtners. Magdalena suchte ihn indessen gemäß der Vorstellung, die sie von ihm hatte. Ähnlich erblickten die Apostel Jesus und hielten ihn für ein Gespenst. Um die Seele zum reinen Glauben zu erheben, verhüllt sich also Gott. Die Seele soll lernen, ihn unter allen möglichen Gestalten zu finden. Ist sie dann einmal hinter das Geheimnis Gottes gekommen, so verhüllt er sich vergeblich. Sie wird sagen: „Da ist er, hinter der Mauer; dort blickt er durchs Gitterfenster" (Hoheslied 2, 9). O göttliche Liebe, verbirg dich nur, hüpfe von Prüfung zu Prüfung, verkette uns mit dir durch Anregungen und Pflichten. Vereinige, vermenge, verwirre, zerreiße wie Fäden alle Vorstellungen und Maßstäbe der Seele. Möge der Boden unter ihren Füßen wanken, kein Weg noch Steg mehr sichtbar sein, kein Licht mehr scheinen. Sie, die dich in deiner gewöhnlichen Behausung und üblichen Bekleidung fand — nämlich in stiller Abgeschiedenheit, im inneren Gebet und in der Vornahme dieser oder jener Übung, im Leiden, in den Werken der Nächstenliebe, in der Weltflucht —, sie hat nunmehr all diese bekannten Mittel, dir zu gefallen, durchlaufen: hilflos steht sie jetzt da. In keinem dieser Dinge erkennt sie dich mehr, wo sie dich vordem wahrnahm. Ihre vergeblichen Anstrengungen sollen sie nun dahin bringen, fortan alles zu verlassen. Sie muss lernen, dich in dir selber zu finden, und damit überall, in allem, ohne Unterschied und ohne lange Überlegung. Wie fehl geht man tatsächlich, o göttliche Liebe, wenn man dich nicht in allem sieht, was gut ist, und in allen Geschöpfen. Warum dich also in anderen Dingen als in denen suchen wollen, durch die du dich mitteilen willst? Sucht man dich in der Eucharistie unter anderen Gestalten als unter denen, die du für deine sakramentale Gegenwart gewählt hast? Dient deren Unscheinbarkeit nicht dazu, das Verdienst gehorsamen Glaubens zu erhöhen? Gibst nicht du der Wurzel in der Erde ihre Fruchtbarkeit, und kannst du nicht, wenn es dir behagt, das Dunkel fruchtbar machen, in das du mich einhüllen willst? Lebe also, kleine Wurzel meines Herzens, in den verborgenen, unsichtbaren Tiefen Gottes. Treibe durch seine geheimnisvolle Kraft Äste, Blätter, Blüten, Früchte. Freilich kannst du sie nicht sehen; aber andere genießen sie und freuen sich daran. Spende allen Seelen, die dir begegnen deinen Schatten, deine Blüten und Früchte, so wie sie es gernhaben, ohne auf dich zu schauen. Mögen alle Schösslinge, mit denen die Gnade dich veredelt, einen unbestimmten Saft enthalten, der erst in anderen ein Sondergepräge erhält. Werdet allen alles; in euch aber bleibt nur Hingabe und Bereitschaft. Verharre, kleiner Seidenwurm, im dunklen und engen Gang deiner Behausung. Die Wärme der Gnade wird dich dort wachsen lassen. Zehre alsdann von den Blättern, die sie dir darbietet, und bedaure nicht bei dieser Betätigung in Hingabe die verlorene Ruhe. Halte inne, wenn das göttliche Wirken innehält. Durch wechselnde Ruhe und Tätigkeit, durch rätselhafte Verwandlungen streife deine früheren Formen, Fassungen und Verfahrungsweisen ab. Sterbend und auferstehend, bekleide dich mit denen, die das göttliche Wirken selber für dich bezeichnete. Spinne deine Seide im Verborgenen. Tu, was du nicht sehen noch fühlen kannst. Empfinde in deinem ganzen Wesen eine geheime Betriebsamkeit, die du selbst verwirfst. Deine Gefährten, die abgestorben sind und feststehen, aber noch nicht zum Ziel gelangten, an dem du stehst, beneidest du indes, und du bewunderst sie, obwohl du ihnen zuvorkamst. Sei betriebsam in Hingabe, um eine Seide zu spinnen, die weltliche und kirchliche Würdenträger und aller Art Seelen mit Stolz trügen. Was geschieht hernach mit dir, kleiner Wurm? Wie gestaltest du dich weiter? O Wunder der Gnade, dass eine Seele so viele Formen annehmen kann! Wer vermöchte zu erraten, wohin die Gnade sie führen will? Und wer könnte wissen, was die Natur aus einem Seidenwurm macht, wenn er es nicht gesehen hätte? Ihm Blätter anbieten, mehr brauchen wir nicht zu tun. Das besorgt die Natur. Teure Seelen, so könnt auch ihr nicht wissen, woher ihr kommt und wohin es geht, nach welcher Gottesidee die göttliche Weisheit euch bildet und zu welchem Ziel sie euch führt. So bleibt euch lediglich eine ganz passive Hingabe übrig, um Gottes Weisheit gewähren zu lassen; ohne zu überlegen, ohne Vorbild, ohne Beispiel, ohne Methode. Handeln, wenn die Zeit dazu gekommen, und im rechten Augenblick die Arbeit einstellen. Loslassen zur rechten Zeit, und so unmerklich in Allem handeln und zu handeln aufhören unter dem Antrieb Gottes und aus Hingabe. Lesen oder die Bücher beiseitelegen, sich von den Leuten entfernen, schweigen, schreiben, darin innehalten, ohne je zu wissen, was folgt. Nach mannigfachen Umwandlungen gelangt so die Seele schließlich zur Vollendung. Dann werden ihr Flügel gegeben, mit denen sie in den Himmel entschwebt. Auf Erden aber hinterlässt sie eine fruchtbare Saat, die ihren Zustand in anderen Seelen fortsetzt.

2.4 Mit welch väterlicher Sorge sich Gott der Seelen annimmt, die sich ihm hingeben

Es gibt eine Art Heiligkeit, wo alle göttlichen Mitteilungen lichtvoll und deutlich sind. Im passiven Zustand des Glaubens jedoch nimmt der gesamte Einfluss Gottes teil an seinem Wesen und der undurchdringlichen Finsternis um seinen Thron. Nur verwischte und dunkle Empfindungen herrschen da. In diesem Zustand fürchtet die Seele oft mit dem Propheten, beim Weg durch dieses Dunkel mit dem Kopf gegen einen Felsen zu rennen. Doch, teure Seele, du hast nichts zu fürchten. Denn so sieht dein Weg und Gottes Verhalten gegen dich aus. Nichts ist so sicher und unfehlbar wie das Dunkel des Glaubens. – Allein wohin sich wenden, wenn der Glaube so finster ist? – Wende dich, wohin du willst. Man kann nicht irregehen, wo kein Weg mehr zu suchen ist und die Finsternis alles gleichgemacht hat. Man hat kein Ziel mehr zu verfolgen, keinen Gegenstand mehr ins Auge zu fassen. – Aber alles macht mir Angst! Jeden Augenblick fürchte ich, in einen Abgrund zu stürzen. Alles quält mich. Ich fühle wohl, dass ich aus

Hingabe handle, doch es kommt mir vor, nur noch etwas tun zu können, wenn ich nicht mehr aus Tugend handle. Ich höre alle Tugenden sich beklagen, dass ich mich von ihnen entferne. Je mehr sie mich fesseln und mir gefallen, um so mehr scheint der geheime Einfluss der mich treibt, mich von ihnen zu entfernen. Ich liebe die Tugend, aber ich folge dem, was mich anzieht. Ich begreife nicht, dass es mich gut führen soll, und doch kann ich nicht umhin es zu glauben. Der Geist strebt nach Licht; das Herz aber will nur die Finsternis. Alle erleuchteten Menschen und Geister gefallen meinem Geist, doch mein Herz verkostet lediglich Gespräche und Unterhaltungen, wovon es nichts versteht. Sein ganzer Zustand und sein Weg rühren vom Einfluss der Glaubensgabe her. Diese lässt Grundsätze, Wahrheiten und Wege lieben und genießen, wo dem Geist jede Vorstellung fehlt, wo er zittert, stöhnt und wankt. Tief in meinem Herzen wohnt irgendwie die Zuversicht. Es folgt dem Antrieb, überzeugt, dass er gut ist; doch nicht, weil es dies einsieht, sondern aus dem Glauben heraus. – Es ist eben unmöglich, dass Gott eine Seele geleitet, ohne ihr die Gewissheit zu verschaffen, ihr Weg sei gut. Diese Gewissheit ist um so größer, als sie unmerklicher ist. Und diese Gewissheit trotzt jedem Tadel, jeder Befürchtung, jeder Anstrengung, jeder Vorstellung des Geistes. Mag der Geist aufschreien, nach Besserem suchen, die Braut fühlt den Bräutigam ohne ihn zu fühlen. Denn will sie ihn anfassen, verschwindet er. Sie fühlt die Rechte des Bräutigams, der ihr zur Seite steht, und sie will lieber irregehen, indem sie sich seiner Führung überlässt, die sie planlos leitet, als sicher gehen, aber die vorgezeichneten Tugendwege durch eigene Anstrengung beschreiten. Wohlan denn, meine Seele, nähern wir uns Gott durch die Hingabe! Gestehen wir offen, dass wir unfähig sind, die Tugend aus eigenem Bemühen und persönlicher Anstrengung zu üben. Doch dieses Fehlen eigener Tugend soll unser Vertrauen keineswegs knicken. Unser göttlicher Führer würde es uns nicht verunmöglichen, zu Fuß zu gehen, wenn er nicht so gut wäre, uns auf seinen Armen zu tragen. Was brauchen wir Erleuchtung, Bestärkung, Vorstellungen, Überlegungen? Herr, was brauchen wir zu sehen, zu erkennen, zu fühlen, da wir doch nicht wandern, sondern am Herzen deiner Vorsehung ruhen? Je mehr Finsternis auf unserem Weg liegt, Abgründe drohen, Klippen, Tod, Wüsten, Befürchtungen, Verfolgungen, Trockenheit, Mangel, Widrigkeiten, Beklemmung, Verzweiflungsgefühle, Fegfeuer- und Höllenqualen uns anfallen, um so mehr wachsen unser Glaube und unser Vertrauen! Halten wir die Augen nur auf dich gerichtet, so sind wir inmitten der größten Gefahren sicher. Wir denken nicht mehr an die Wege und ihre Beschaffenheit, wir vergessen uns selber. Völlig der Weisheit, Güte und Macht unseres Führers hingegeben, suchen wir nur noch dich zu lieben, fliehen dagegen nicht bloß die offenkundige Sünde, sogar eine ganz kleine, sondern auch alles, was danach aussieht. Nur unsere Pflicht wollen wir tun. Das blieb die einzige Sorge, teure Liebe, die du deinen kleinen Kindern gelassen hast. Alles Übrige übernimmst du selber. Je mehr dieses Übrige Schrecken einflößt um so näher hoffen und sehen sie deine Gegenwart. Sie suchen einzig zu lieben, ohne sich um etwas Anderes zu kümmern. Sie erfüllen ihre kleinen Pflichten einem Kind gleich, das sich am Herzen seiner Mutter dem Tändeln hingibt, als gäbe es auf der weiten Welt nichts anderes als seine Mutter und sein Tändeln. Die Seele muss hinauskommen über alles, was sie umschattet. Die Nacht ist nicht die Zeit zu handeln, sondern zu ruhen. Das Licht der Vernunft vermag die Glaubensfinsternis nur zu vermehren. Der Lichtstrahl, der diese Finsternis durchbricht, muss aus derselben Höhe kommen, woher die Finsternis stammt. In diesem Zustand teilt sich Gott der Seele als Leben mit. Als Weg und Wahrheit jedoch steht er ihr nicht mehr vor Augen. Die Braut sucht den Bräutigam zur Nachtzeit. Er steht hinter ihr; er hält sie in seinen Armen, er drückt sie an sich. Sie aber sucht ihn vor sich und flieht. Er hat aufgehört, Gegenstand und Vorstellung zu sein, er ist nur noch Ursprung und Quelle. Es gibt im göttlichen Wirken geheime, von oben eingegebene, wunderbare und unbekannte Hilfsquellen für aller Art Bedürfnis, Verlegenheit, Verwirrung, Fall, Sturz, Verfolgung, Ungewissheit, Zweifel, wenn die Seele das Vertrauen auf ihr eigenes Wirken aufgegeben hat. Je unübersichtlicher sich die Handlung abwickelt, eine um so beglückendere Lösung darf man erwarten. Das Herz spricht: Alles wird gut verlaufen; Gott ist ja am Werk; es liegt kein Grund zu Befürchtungen vor. Und selbst Angst, Lähmung und Trostlosigkeit bilden Verse in den Liedern der Finsternis. Man ist überglücklich, keine Silbe davon auszulassen. Man weiß, dass alles ins „Gloria Patri" ausklingen wird. So folgt man dem Weg seiner Verirrung. Die Finsternis dient als Führerin, die Zweifel verschaffen Gewissheit, und je mehr Isaak verlegen ist um den Stoff zum Opfer, um so mehr legt Abraham alles in die Hände der Vorsehung und erwartet von ihr alles.

Seelen, die im Lichte wandeln, singen Lieder des Lichtes. Die sich im Dunkel vorwärtstasten, singen Lieder der Finsternis. Diese und jene muss man ihr gottgegebenes Lied zu Ende singen lassen, ohne seinem Inhalt etwas beifügen zu wollen. Man lasse alle Tropfen der bitteren Galle fließen, womit Gott betäubt. So taten Jeremias und Ezechiel. Ihre Worte waren nur Seufzer und Klagen. Der Trost lag stets nur in der Fortsetzung ihrer Trauergesänge. Wer ihren Tränenstrom gehemmt hätte, würde uns schönste Stellen der Schrift geraubt haben. Der Geist, der trostlos macht, ist der einzige, der auch zu trösten vermag. Trostlosigkeit und Trost sind zwei Wasser, die aus derselben Quelle fließen. Überrascht Gott eine Seele, muss sie zittern. Droht er ihr, erschrickt sie. Man hat nur das göttliche Wirken sich entfalten zu lassen. Es enthält Übel und Heilmittel zugleich. So weine teure Seele, zittre, lebe in Unruhe und Todesängsten. Strenge dich nicht an, diesen Schrecken Gottes, dieses himmlische Seufzen zu ändern. Empfange zutiefst in deinem Inneren die Bächlein, wovon Gott das Meer in sich getragen hat. Wandle unter Tränen, solange der Hauch der Gnade sie fließen lässt. Unmerklich wird der gleiche Gnadenhauch sie wieder trocknen. Die Wolken werden weichen, die Sonne wird ihr Licht wieder spenden, der Frühling dich mit Blumen bedecken. Und in der Folge wird deine Hingabe zu dem wunderbaren Reichtum führen, den das göttliche Wirken in Fülle birgt. Wahrlich umsonst ängstigt sich der Mensch. Was in ihm vorgeht, gleicht einem Traum. Schatten folgt auf Schatten. In den Schlafenden reihen sich die Einbildungen aneinander; die einen drücken nieder; andere erheben. Die Seele wird zum Spielball dieses Scheins, der ständig wechselt. Und beim Erwachen sieht man, dass nichts darin die Seele eigentlich hemmen konnte. Das Erwachen fegt alle Eindrücke hinweg, und man achtet weder der Gefahren noch der Glücksgefühle, die der Traum vorgaukelte. Herr, kann man nicht sagen, dass du deine Kinder die ganze Nacht des Glaubens hindurch an deinem Herzen schlafend hältst, dass es dir Freude macht, ihre Seele unzähligen verschiedenen Gefühlen hinzugeben, die im Grunde bloß heilige und geheimnisvolle Träume sind? Im Zustand, in den Nacht und Schlaf sie hüllen, werden sie von eigentlichen, schmerzlichen Angstgefühlen gequält. Am Tag der Glorie wirst du diese auflösen und in wahre, dauerhafte Freuden verwandeln. Wachen dann diese heiligen Seelen einmal auf und sind sie zu sich gekommen, so dass sie alles unbeschwert beurteilen können, werden sie nicht genug staunen können, wie geschickt, findig, fein und verborgen der Bräutigam in seiner Liebe mit ihnen verfahren ist. Sie begreifen dann, dass seine Wege unerforschlich sind, dass es unmöglich war, seine Rätsel zu lösen, ihn in seinen Verkleidungen zu erkennen, irgendeinen Trost zu empfinden, wenn er Schrecken und Aufruhr verbreiten wollte. Bei diesem Erwachen erkennen ein Jeremias und ein David, wie das, was für Gott und seine Engel ein Gegenstand der Freude war, sie untröstlich machte. Starke Geister, Betriebsamkeit und menschliches Wirken, wecket die Braut nicht auf! Lasst sie seufzen, zittern, laufen, suchen. Gewiss, der Bräutigam täuscht sie. Er verhüllt sich. Sie träumt, und ihre Qualen sind nur solche der Nacht und des Schlafes. Doch lasst sie schlafen. Lasst den Bräutigam an dieser teuren Seele arbeiten und in ihr darstellen, was er allein zu malen und wiederzugeben versteht. Lasst ihn die Folge dieses Scheins entfalten. Zur rechten Zeit wird er sie aufwecken. Joseph bringt Benjamin zum Weinen. Diener Josephs, verratet sein Geheimnis diesem lieben Bruder nicht! Joseph täuscht ihn. Seine Täuschung spottet jeder Anstrengung, sie zu durchschauen. Benjamin und seine Brüder sind untröstlich. Und doch ist alles nur ein Spiel Josephs. Die armen Brüder jedoch sehen nur Leid ohne Ausweg. Sagt nichts! Er wird alles zum Besten lenken. Er selber wird sie aufwecken, und sie werden staunen, mit welcher Weisheit er derart viel Übel und Jammer sehen lassen konnte in dem, was in Wirklichkeit Gegenstand einer derartigen Freude war, wie sie nie auf Erden eine größere erlebten.

Doch dringen wir noch tiefer in die Erkenntnis des göttlichen Wirkens und seiner liebevollen Täuschungen ein. Was es scheinbar dem guten Willen nimmt, das gibt es ihm verkleidet wieder zurück. Nie lässt ihn das göttliche Wirken darben. Da ist ein Freund, der einem anderen Unterstützungen zufließen lässt, wobei er sich vorerst als Urheber zu erkennen gibt. Doch dann stellt er sich im Interesse seines Freundes, als wolle er ihn nicht mehr weiter verpflichten, unterstützt ihn aber insgeheim dennoch. Der Freund weiß nichts von dieser List und diesem Liebesgeheimnis und ist peinlich berührt. Immer wieder grübelt er über das Verhalten seines Wohltäters nach. Doch entschleiert sich dann das Geheimnis, welche Freude, welche Rührung, Dankbarkeit, Liebe, Beschämung und Bewunderung erfüllt seine Seele! Wird er jetzt nicht noch mehr für seinen Freund eingenommen sein, und hat diese Prüfung seine Anhänglichkeit an den Freund nicht nur verstärkt und ihn fortan hellsichtiger gemacht für ähnliche Überraschungen? Die Anwendung fällt leicht. Je mehr man mit Gott zu verlieren glaubt, um so mehr gewinnt man mit ihm.

Je mehr Natürliches er einem wegnimmt, um so mehr Übernatürliches gibt er einem. Man liebte ihn ein wenig um seiner Gaben willen; da wurden seine Gaben unsichtbar, und so gelangte man endlich dazu, ihn nur noch um seiner selbst willen zu lieben. Indem er die fühlbaren Gaben entzog, bereitete er auf diese übergroße Gabe vor, die ja kostbarer und umfassender ist als alle anderen; denn alle anderen sind darin enthalten. Hat sich eine Seele einmal vollständig Gottes Wirken anheimgestellt, muss sie stets alles günstig auslegen. Ja, alles, sogar den Verlust bester Seelenführer, und ebenso das Misstrauen, das sie ungewollt solchen gegenüber empfindet, die sich irgendwie aufdrängen. Im Allgemeinen verdienen Führer, die selber den Seelen nachlaufen, einiges Misstrauen. Wer wirklich von Gottes Geist beseelt ist, bekundet gewöhnlich keine derartige Eile. Man ruft sich nicht, sondern lässt sich rufen. Und auch dann bewahrt man immer ein gewisses Misstrauen zu sich selber.

Hat sich also eine Seele vollständig Gott hingegeben, möge sie furchtlos durch diese Prüfungen gehen und sich die Freiheit nicht rauben lassen. Wenn sie nur das göttliche Wirken treu beantwortet, so wird dieses allmächtige Wirken Wunder in ihr vollbringen, allen Hindernissen zum Trotz. Gott und die Seele arbeiten dann gemeinsam an einem Werk, dessen Erfolg zwar völlig vom Wirken des göttlichen Werkmeisters abhängt, das jedoch durch die Untreue der Seele, aber auch nur so, gefährdet werden könnte. Verhält sich die Seele recht, geht alles gut. Denn was Gott betrifft, so bildet sein Anteil und sein Wirken gleichsam das Gegenstück zur Treue der Seele. Es stellt die obere Seite der Arbeit dar, wo es ungefähr hergeht wie bei der Anfertigung der herrlichen Stickereien, die Stich für Stich von unten entstehen. Wer sie anfertigt, sieht nur seinen Stich und seine Nadel. Dabei lassen alle der Reihe nach geführten Stiche prächtige Gestalten erstehen. Doch zum Vorschein kommen sie erst, wenn alle Teile vollendet sind und man die obere Seite hervorkehrt. Während der ganzen Arbeit liegt all dieses Schöne und Wunderbare im Dunkel. So verhält es sich mit der hingegebenen Seele. Sie sieht nur Gott und ihre Pflicht. Die Erfüllung dieser Pflicht bildet jeden Augenblick einen leisen, unmerklichen Stich, der dem Werk beigefügt wird. Und doch wirkt Gott mit diesen Stichen die Wunder, die man bisweilen auf Erden vorausahnt, aber erst am Tag der Ewigkeit wirklich sehen wird. Wie voll Güte und Weisheit ist doch das Verhalten Gottes! Derart hat er seiner Gnade und seinem Wirken alles Erhabene, Große und Wunderbare in der Vollkommenheit und Heiligkeit vorbehalten, derart unserer Seele mit Hilfe seiner Gnade alles Kleine, Klare, Leichte überlassen, dass es niemandem auf Erden noch schwer fallen kann, zur erhabensten Vollkommenheit zu gelangen. Man braucht nur mit Liebe die gewöhnlichen und verborgenen Pflichten zu erfüllen.

Vor allem an Seelen, die sich Gott ganz anheimstellen, erfüllt sich das Wort des hl. Johannes: „Ihr braucht nicht unterwiesen zu werden; Gottes Salbung unterweist euch in allem" (1. Joh. 2,27). – Um zu erkennen, was Gott von ihnen will, haben sie nur diese Salbung zu befragen, ihr Herz zu prüfen, hinzuhorchen, was es sagt. Es verdolmetscht den Willen Gottes in jeder Lebenslage. Denn das verhüllte Wirken Gottes offenbart dem Herzen seine Absichten, aber nicht durch Anschauungen, sondern gleichsam gefühlsmäßig. Es teilt sie ihm zuweilen durch eine Zwangslage mit, die keine andere Wahl lässt, oder durch einen Antrieb und ein übernatürliches Ergriffensein, unter dem es, ohne länger nachzudenken, handeln muss, oder endlich durch Zuneigung oder Abneigung, die es ihm einflößt. Die Seele bleibt dabei zwar frei, aber sieht sich doch veranlasst, den Dingen näherzutreten oder ihnen fernzubleiben. Gewiss scheint es einen beträchtlichen Mangel an Tugend zu verraten sich so ins Ungewisse gleiten zu lassen. Gemessen an gewöhnlichen Verhaltungsregeln besitzt das Vorgehen einer solchen Seele nichts Festes, Gleichförmiges,

Planmäßiges. Dennoch hat den eigentlichen Höhepunkt der Tugend erreicht, wer so weit gekommen ist. Erst nach vieler Übung gelangt man gewöhnlich dahin. Die Tugend dieses Zustandes ist die Tugend schlechthin, die Vollkommenheit selbst. Man gleicht da einem Komponisten, der eine gründliche Kenntnis der Tonkunst mit langer Übung verbindet. Er besitzt seine Kunst dermaßen, dass alles, was er in ihrem Bereich unternimmt, von selber den Stempel der Vollkommenheit an sich trägt. Eine Prüfung seiner Werke ließe sie als den Regeln der Kunst vollkommen gemäß erkennen. Es zeigt sich dabei, dass er nie Vollendeteres schuf, als wenn er, frei von allen Regeln, die den Meister fesseln, falls er ihnen allzu sklavisch folgt, zwanglos seine Werke schuf. Und seine Improvisationen erregten als wahre Meisterwerke die Bewunderung der Kenner. Ähnlich wird es einer Seele unmerklich zur Gewohnheit, in allem auf Gottes Antrieb hin zu handeln, nachdem sie mit Lehre und Leben der Vollkommenheit vertraut worden ist, wobei die eigene Erkenntnis und die verschiedenen Methoden sie geführt und ihr das Mitwirken mit der Gnade erleichtert hatten. Es sieht dann so aus, als könnte sie gar nichts Besseres tun, als was sich eben darbietet, ohne dass sie viel Überlegen muss wie früher. Sie mag aufs Geratewohl handeln und sich ruhig dem Spürsinn der Gnade ganz überlassen. Er kann sie nicht irreführen. Was sie in diesem Zustand der Einfachheit tut, stellt jedoch für erleuchtete Augen und helle Köpfe ein fortlaufendes Wunder dar. Keine Richtschnur war gespannt, und doch könnte nichts genauer ausgefallen sein; kein Maßstab diente ihr, und doch lässt sich nichts besser entwerfen; keine Überlegung half, und dabei wurde Tiefstes geschaffen; mühelos wurde alles vorzüglich angelegt; ohne Anstrengung gelang Wirkungsvollstes; ohne Voraussicht ist die Seele für jedes künftige Geschehnis gewappnet. Eine geistliche Schriftlesung unter dem Einfluss von Gottes Wirken verleiht oft Einsichten, die den betreffenden Verfassern abgingen. Gott benützt Worte und Handlungen anderer, um noch unentdeckte

Wahrheiten zu enthüllen. Falls er durch solche Hilfsmittel erleuchten will, hat die Hingabe sich ihrer zu bedienen. Dabei übt jedes Mittel, das vom Wirken Gottes herangezogen wird, einen Einfluss aus, der weit über seinen natürlichen und wahrnehmbaren Wirkungsbereich hinausgeht. Es ist kennzeichnend für die Hingabe, dass sie immerfort ein geheimnisvolles Leben führt. Indem sie die gewöhnlichen, natürlichen und rein zufälligen Gegebenheiten des Alltagsgeschehens benützt, empfängt sie von Gott ungewöhnliche und wunderbare Gaben. Die schlichteste Predigt, die gewöhnlichste Unterhaltung, das einfältigste Buch kann so für solche Seelen kraft Gottes Anordnung zu einem Quell tiefster Einsicht und Weisheit werden. Darum heben solche Seelen sorgfältig die Brosamen auf, über die starke Geister hinwegschreiten. Alles ist für sie kostbar; alles bereichert sie. Sie haben eine unaussprechliche Bereitschaft für alles und jedes und vernachlässigen nichts, sondern achten alles und ziehen ihren Nutzen daraus. Wenn Gott alle Dinge erfüllt, so benützt der, der sie auf seine Anordnung hin gebraucht, nicht etwas Geschöpfliches. Vielmehr wird dabei das Wirken Gottes verkostet, das seine Gaben durch diese verschiedenen Kanäle einem zufließen lässt. Diese Dinge heiligen nicht schon an sich, sondern als Werkzeuge von Gottes Wirken. Dieses kann seine Gnade den schlichten Seelen auch durch Dinge zukommen lassen, die dem gesteckten Ziel scheinbar zuwiderlaufen; und das ist häufig der Fall. Selbst mit Straßenschmutz kann es wie mit Lichtstrahlen erleuchten. Das Werkzeug, das es benützt, ist immer einzig. Alles dient ihm gleichermaßen. So ist denn auch der Glaube davon durchdrungen, dass ihm nichts abgeht. Er beklagt sich nie über einen Mangel an Hilfsmitteln für seinen geistlichen Fortschritt, weil ja der Werkmeister, der sie handhabt, ihre Mängel durch seinen Willen wirksam ergänzen kann. Auf diesen heiligen Willen geht die ganze Kraft der Geschöpfe zurück.

Der eine und unfehlbare Antrieb des Wirkens Gottes leitet die schlichte Seele immer zutreffend. Und diese entspricht in allem ungemein fügsam seiner inneren Leitung. Sie will alles, was geschieht, alles was vorgeht, alles, was sie empfindet, ausgenommen die Sünde. Zuweilen geschieht dies bewusst, zuweilen unbewusst. Denn sie wird ja verborgenerweise zum Reden, Tun und Lassen veranlasst ohne weitere Gründe. Oft gehören Veranlassung und Grund dazu der rein natürlichen Ordnung an. Die schlichte Seele sieht keinerlei Geheimnis dahinter. Sie erblickt darin einen bloßen Zufall, ein reines Muss, etwas, das sich von selbst ergab und gar nichts Besonderes in ihren oder anderer Augen darstellt. Doch Gottes Wirken, das Einsicht, Weisheit und Rat seiner Freunde ist, bedient sich zu ihren Gunsten all dieser einfachen Dinge. Die Seele macht sie sich zu eigen und stellt sie so geschickt den Leuten entgegen, die zu ihrem Nachteil Pläne schmieden, dass diese scheitern müssen. Es mit einer schlichten Seele zu tun haben, bedeutet gewissermaßen, es mit Gott zu tun haben. Welche Maßnahmen könnte man aber gegen den Allmächtigen ergreifen? Sind doch seine Wege unerforschlich. Gott nimmt die Sache der schlichten Seele in seine Hand. Sie hat es nicht nötig, eure Intrigen erst zu studieren, Beunruhigung gegen Beunruhigung auszuspielen, sorgfältig eure Schritte zu erspähen. Ihr Bräutigam enthebt sie all dieser Sorgen. Ihn lässt sie euch gegenübertreten und auf ihn stützt sie sich in Frieden und Sicherheit. Gottes Wirken befreit die Seele. Es enthebt sie des Gebrauchs aller niederen und nervösen Machenschaften, von denen die menschliche Klugheit nicht lassen kann. Das mag für Herodes und die Pharisäer gut sein. Die Weisen aber haben nur in Frieden ihrem Stern zu folgen. Das Kind braucht nur in den Armen der Mutter zu ruhen. Seine Feinde fördern seine Angelegenheiten weit mehr, als sie ihm schaden. Je mehr sie ihm Hindernisse in den Weg legen wollen, um so ruhiger und freier kann es handeln. Es weicht ihnen nicht aus, macht ihnen nicht kriecherisch den Hof, um ihre

Schläge zu vermeiden. Es benötigt ihre Eifersucht, ihr Misstrauen, ihre Verfolgungen. So lebte Jesus in Judäa; so lebt er noch heute in den schlichten Seelen. Er ist darin edelmütig, sanft, frei, friedlich, furchtlos und bedarf keines Menschen. Denn er sieht alle Geschöpfe in den Händen seines Vaters bestrebt, ihm zu dienen. Die einen durch ihre schuldbaren Leidenschaften, die anderen durch ihr heiliges Handeln; jene durch Widerspruch, diese durch Gehorsam und Unterwerfung. Gottes Wirken fügt alles wunderbar zusammen; nichts fehlt; nichts ist zu viel; Gutes und Böses findet sich in richtiger Mischung. Gottes Anordnung gibt jedem Augenblick sein eigenes Werkzeug. Und die schlichte Seele, die durch den Glauben erhoben lebt, findet alles gut und will weder mehr noch weniger, als was sie hat. Sie preist jederzeit die göttliche Hand, die ihr die Mittel so passend zu geben weiß und sie von Hindernissen zu befreien versteht. Mit gleicher Sanftmut empfängt sie Freund und Feind; denn es ist Jesu Art, jedermann als göttliches Werkzeug anzusehen. Man braucht niemanden, und doch benötigt man alle. Gottes Wirken macht alles notwendig. Man muss von ihm alles empfangen, ein jegliches nach seiner Art und Beschaffenheit, sanft und demütig ihm entsprechen, die Einfältigen einfältig, die Groben gütig behandeln. Das lehrte der hl. Paulus, und noch besser betätigte es Jesus Christus. Einzig die Gnade vermag das übernatürliche Gepräge zu verleihen, das jeden Menschen anders gestaltet und sich der Natur eines jeden wunderbar anpasst. Bücher können das nicht lehren. Es handelt sich dabei um einen eigentlich prophetischen Geist und um die Wirkung einer inneren Offenbarung. Man hat es mit einer Lehre des Heiligen Geistes zu tun, deren Verständnis äußerste Hingabe voraussetzt, vollkommene Loslösung von jeder Eigenabsicht und jedem Sonderinteresse, so untadelig diese an sich sein mögen. Nur die eine irdische Sorge darf einen noch beschäftigen: sich passiv Gottes Wirken zu überlassen, um sich der Erfüllung seiner Standespflichten hinzugeben. Man lässt dabei den Heiligen Geist im

Inneren wirken, ohne ihm zuzuschauen, ja man ist geradezu froh, nichts davon zu wissen. Dann befindet man sich in Sicherheit. Denn alles, was auf Erden geschieht, geschieht zum Besten der Seelen, die sich Gottes Willen vollkommen fügen.

Ich habe mehr Angst vor meinem Eigenwirken und dem Wirken meiner Freunde als vor dem meiner Feinde. Keine Klugheit kommt der gleich, seinen Feinden nicht zu widerstehen und ihnen mit bloßer Hingabe zu begegnen. Dann hat man den Wind hinter sich. Man braucht hernach nur ruhig zu bleiben. Gegen die Klugheit des Fleisches lässt sich nichts Besseres ausspielen als Einfalt. Diese vereitelt wunderbar deren ganze Hinterlist, ohne sie zu kennen, ja sogar, ohne daran zu denken. Gottes Wirken veranlasst die Einfalt zu Maßnahmen, die so treffend sind, dass diejenigen davon überrascht werden, die sie überraschen wollten. Deren Anstrengungen können ihr nur willkommen sein. Wo man sie erniedrigen wollte, erhebt sie sich. Ihre Feinde gleichen Galeerensklaven, die sie mit mächtigem Ruderschlag zum Hafen bringen. Alle Widrigkeiten nehmen für sie unfehlbar eine gute Wendung. Indem sie ihre Feinde gewähren lässt, leisten ihr diese ständig derart nützliche Dienste, dass sie nur fürchten muss, sich selbst einzumischen und an einem Werk mitarbeiten zu wollen, dessen Urheber Gott allein sein will, dessen Werkzeug ihre Feinde sind, und wo sie nichts anderes zu tun hat, als friedlich zuzuschauen, was Gott tut, und schlicht dem Antrieb zu folgen, den er ihr gibt. Die übernatürliche Klugheit des Göttlichen Geistes, von dem jeder Antrieb stammt, erstreckt sich unfehlbar auf den Kern und alle Umstände eines jeden Dinges. Sie bringt die Seele damit in Verbindung, ohne dass sie darum weiß, und dies so trefflich, dass alles, was sich ihr entgegenstellt, zerschellen muss.

Das Weite und Solide, der Fels, worauf die hingegebene Seele sich stützt, wobei sie vor aller Unbeständigkeit und jedem Ungewitter geborgen ist, das ist die Anordnung des göttlichen Willens. Unablässig tritt diese unter der Hülle der Kreuze und gewöhnlichsten Verrichtungen auf. Unter dieser Hülle verbirgt Gott seine Hand, um sie zu unterstützen und zu tragen, die sich ihm anheimgeben. Sobald die Seele in der vollkommenen Hingabe festen Fuß gefasst hat, ist sie vor dem Widerspruch der Zungen gefeit. Denn sie braucht nichts mehr zu ihrer Verteidigung zu tun oder zu sagen. Weil das Werk von Gott stammt, braucht man anderswo keine Rechtfertigung zu suchen. Seine Auswirkungen werden es in der Folge genügsam rechtfertigen. Man braucht es nur sich entfalten zu lassen: „Dies diei eructat verbum – Tag um Tag raunt es die Kunde" (Ps. 18,4). Hat man seinen eigenen Anschauungen die Leitung entrissen, erübrigt sich eine mündliche Verteidigung. Unsere Worte könnten ja nur unsere Anschauungen wiedergeben. Wo keine Anschauungen mehr sind, werden Worte hinfällig. Wozu sollten sie dienen? Rechenschaft zu geben über das, was man tut? Aber man kennt ja den Grund davon nicht! Er liegt im Ursprung verborgen, der zum Handeln anregt und nur auf unaussprechliche Weise einen Eindruck mitteilte. Überlasse man es also den Folgen, ihren Ursprung zu rechtfertigen. In dieser göttlichen Verkettung ist alles wohlbegründet. Alles ist darin fest und dauerhaft. Und was vorhergeht, rechtfertigt die Wirkung des Folgenden. Kein Leben der Anschauungen, Einbildungen und vieler Worte wird da mehr geführt. Nicht das beschäftigt, nährt und unterhält noch die Seele. Sie geht nicht mehr auf diesem Wege; sie stützt sich nicht mehr auf all das. Sie sieht nicht mehr, wo sie wandelt, sie späht nicht mehr aus, wohin der Weg führt. Sie behilft sich nicht mehr mit Überlegungen, um sich Mut zu machen, die Ermüdung auszuhalten oder die Beschwerden des Weges zu ertragen. Alles geht im tiefsten Gefühl ihrer Schwäche vor sich. Der Weg öffnet sich vor ihr; sie betritt ihn; sie wandert darauf ohne Zögern. Sie ist rein, schlicht und wahr. Sie beschreitet sachte den geraden Pfad der Gebote Gottes, gestützt auf Gott selbst, den sie unablässig an allen Punkten des Weges findet. Und dieser Gott, den sie einzig sucht, übernimmt es selbst, seine Gegenwart kundzugeben, indem er sie an ihren ungerechten Verfolgern rächt.

Es gibt eine Zeit, wo Gott für die Seele das Leben sein will, wo er selber ihre Vollkommenheit zu bilden verlangt, und zwar auf geheime und unbekannte Weise. Dann werden alle eigenen Anschauungen, Erleuchtungen, Bemühungen, Anstrengungen, Überlegungen zu einer Täuschungsquelle. Schließlich erkennt sie die Seele als eitel, nachdem sie mehrfach die Erfahrung gemacht hat, welch traurige Folgen der Besitz ihrer selbst zeitigte. Sie begreift, dass Gott deshalb alle Kanäle verstopfte und zunichte machte, damit sie in ihm das Leben suche. Durchdrungen von ihrem Nichts und überzeugt, wie abträglich ihr alles ist, was von ihr selber kommt, stellt sie sich schließlich Gott anheim, um ihn allein zu besitzen. Gott wird also für sie eine Art Leben, nicht mittels Anschauungen, Erleuchtungen oder Überlegungen – das alles blieb in ihr nur noch als Täuschungsquelle übrig –, sondern in Tat und Wahrheit und durch die Wirklichkeit seiner Gnaden, mögen sie sich unter den seltsamsten Hüllen einfinden. Da die Seele Gottes Wirken nicht kennt, empfängt sie dessen Kraft und Kern durch tausenderlei Umstände, in denen sie ihren Untergang zu sehen glaubt. Gegen dieses Dunkel gibt es kein Mittel; sie muss dann untertauchen. Gott schenkt sich darin und mit sich gibt er alle Dinge im Dunkel des Glaubens. Die Seele gleicht einem Blinden oder, wenn man will, einem Kranken, der die Kraft der Arznei nicht kennt, sondern nur ihre Bitterkeit verspürt. Oft bildet er sich ein, dass sie ihn umbringe. Die Krisen und Schwächen die sie verursacht, scheinen seine Angst zu rechtfertigen. Und doch wird ihm unter dieser todesähnlichen Hülle die Gesundheit zurückgeschenkt; so nimmt er sie auf das Wort des Arztes hin an, der sie ihm verschreibt. Hingegebene Seelen kümmern sich in keiner

Weise mehr um ihre Krankheiten; ausgenommen um offenkundige Leiden, die von selbst zur Bettruhe zwingen und zum Gebrauch entsprechender Arzneien. Schwäche und Kraftlosigkeit der hingegebenen Seelen sind nur Täuschung und Schein, dem sie vertrauensvoll entgegentreten müssen. Gott schickt sie, und zwar, um ihrem Glauben und ihrer Hingabe, worin das wahre Heilmittel liegt, Gelegenheit zu bieten, sich zu betätigen. Ohne auch nur darauf zu achten, haben solche Seelen ihren Weg im Tun und Leiden, das Gott ihnen sendet, mutig fortzusetzen. Ohne Zögern sollen sie ihren Leib gebrauchen, wie man ein Mietpferd gebraucht, das schließlich doch nur dem Untergang geweiht ist, aber inzwischen in jeder Weise zu dienen hat. Das ist besser als Verzärtelung, die der seelischen Spannkraft nur abträglich ist. Diese seelische Spannkraft vermag bis zu einem gewissen Grad auch einen schwachen Leib aufrechtzuerhalten. Ein Jahr eines derart edlen und großmütigen Lebens wiegt schwerer als hundert Jahre voll Sorgen und Befürchtungen. Man suche im Allgemeinen Ausdruck und Haltung eines Gnadenkindes zu haben, das voll guten Willens ist. Was braucht man denn angesichts von Gottes Reichtum noch zu fürchten? Von ihm geführt, unterstützt und beschirmt, sollen dessen Kinder in ihrem gesamten Auftreten etwas Heldenhaftes besitzen. Die Schreckbilder, die Gott ihnen auf den Weg stellt, haben nichts zu bedeuten. Er führt sie diesen Weg, damit noch größere Taten ihr Leben zieren. Er lässt Schwierigkeiten aller Art zu, unübersteigbar für rein menschliche Klugheit, damit die Seele ihre ganze Schwäche fühlt und beschämt ihre Unzulänglichkeit eingesteht. Da zeigt sich denn Gottes Reichtum in seinem vollen Glanz, und es erweist sich, was er denen bedeutet, die ihm ganz angehören. Er befreit sie weit wunderbarer, als die Märchenerzähler mit Hilfe ihrer übersprudelnden Einbildungskraft in stiller Arbeitsstube ihre Phantasiehelden aus allen Schlingen und Gefahren befreien und immer glücklich ans Ende der Geschichte bringen können. Gott führt solche Seelen mit weit größerem

Geschick und viel glücklicher vorbei an Todesgefahren, Schreck-bildern, Höllenqualen, Teufeln und Teufelskünsten. Er erhebt sie bis zum Himmel und lässt sie zu Helden einer Geschichte werden, die wahr und mystisch zugleich ist und weit seltsamer als jede von krauser menschlicher Phantasie ersonnene. Wohlan denn, meine Seele, überwinden wir alle Gefahren und Schreckbilder un-ter der starken Führung der sichern, unsichtbaren, allmächtigen und unfehlbaren Hand der göttlichen Vorsehung. Eilen wir furchtlos unserem Ziel entgegen, in Frieden und Freude. Benützen wir alles, was sich darbietet, als Stoff zu unseren Siegen. Um zu kämpfen und zu siegen, folgen wir dem Banner der Vorsehung: „Exivit vincens ut vinceret – er zog aus von Sieg zu Sieg" (Off. 6,2). Jeder Schritt unter Gottes Leitung bildet einen neuen Tri-umph, meine Seele! – Gottes Geist führt die Feder. Er hält das Buch offen, um die Heiligengeschichte, die keineswegs schon vollendet ist, fortzusetzen. Erst am Ende der Tage wird der Stoff erschöpft sein. Diese Geschichte schildert lediglich Gottes Füh-rung und Absichten mit den Menschen. Von uns hängt es ab, in dieser Geschichte vorzukommen und sie weiterzuführen, indem wir unser Tun und Leiden Gottes Führung anheimstellen. Nein, nein, was uns an Pflichten oder Leiden begegnet, hat uns nicht zu verderben, sondern den Stoff zu dem heiligen Buch zu liefern, das täglich umfangreicher wird.

Indem Gott die Seelen, die sich ihm ganz überlassen, von allem völlig entblößt, gibt er ihnen etwas, das ihnen alles ersetzt, Licht, Weisheit, Leben und Kraft, nämlich seine Liebe. Die göttli-che Liebe wohnt solchen Seelen wie eine Art übernatürlicher Spürsinn inne. Im Bereich der Natur besitzen alle Wesen, was ihnen artgemäß zukommt: jede Blume hat ihren Reiz, jedes Tier sein Gefühl, jedes Geschöpf seine Vollkommenheit. So wird auch in den verschiedenen Gnadenzuständen jedem seine besondere Gnade zuteil. Und es gibt eine Belohnung für jeden, der sich willig in den Zustand fügt, den die Vorsehung für ihn ausersehen hat.

Eine Seele fällt dem göttlichen Wirken anheim, sobald der gute Wille in ihrem Inneren ausgereift ist. Dieses Wirken beeinflusst sie in dem Maße, als sie sich mehr oder weniger hingibt. Die Kunst der Hingabe ist nichts anderes als die Kunst zu lieben. Und das göttliche Wirken ist bloß das Wirken der göttlichen Liebe. Wie sollten diese beiden Arten von Liebe, die sich gegenseitig suchen, nicht miteinander übereinstimmen, nachdem sie sich gefunden haben? Wie könnte die göttliche Liebe einer Seele, deren Wünsche sie ausnahmslos leitet, etwas verweigern? Und wie sollte ihr eine Seele, die nur von ihr lebt, etwas abschlagen können? Die Liebe kann nur fordern, was die Liebe will. Kann die Liebe nicht wollen, was sie will? Das göttliche Wirken achtet bloß auf den guten Willen. Das Vermögen der übrigen Seelenkräfte fesselt sie nicht, und ihr Unvermögen hält sie nicht fern. Findet sie ein Herz gut, rein, gerade, schlicht, unterworfen, kindlich und ehrfurchtsvoll, so verlangt sie nichts weiter. Sie bemächtigt sich seiner, besitzt alle Seelenvermögen und ordnet alles so wohl zu seinem Vorteil an, dass ihm alles eine Gelegenheit zum Heiligwerden wird. Was anderen Seelen den Todesstoß versetzt, das findet in ihr unverzüglich das Gegengift des guten Willens vor, wodurch die schädlichen Einflüsse wettgemacht werden. Geriete sie bis an den Rand des Abgrundes, das göttliche Wirken zöge sie weg. Ließe es sie aber dort stehen, so verhinderte es ihren Fall. Und sollte sie doch hineinstürzen, so würde sie von diesem Wirken herausgezogen. Die Fehler solcher Seelen sind überdies nur Fehler menschlicher Gebrechlichkeit und kaum merklich. Die Liebe weiß sie immer zu ihrem Vorteil zu verwenden. Durch geheime Eingebungen gibt sie ihnen zu verstehen, was sie, den Umständen entsprechend, zu sagen oder zu tun haben. Solche Seelen empfangen gleichsam einen Abglanz des göttlichen Erkennens in sich: „Intellectus bonus omnibus facientibus eum — Wer die Weisheit übt, gewinnt heilsame Einsicht" (Ps. 110, 10). Denn diese göttliche Erkenntnis begleitet sie auf all ihren Wegen; sie behebt alle

Missgriffe, die ihnen aus Einfalt unterlaufen sein sollten. Wagen sie sich einmal zu weit vor und gehen sie eine ihnen nachteilige Bindung ein, so veranlasst die Vorsehung ein glückliches Zusammentreffen, das alles wieder gut macht. Man mag solchen Seelen eine Falle nach der anderen stellen, die Vorsehung zerschneidet jeden Knoten; sie beschämt die Urheber und lässt sie von einem Schwindelgefühl befallen werden, das sie in ihre eigenen Schlingen fallen lässt. Unter ihrer Führung unternehmen solche Seelen die man fangen wollte, gewisse, scheinbar völlig unnütze Dinge, ohne weiter zu denken. Nachher zeigt es sich, dass sie dazu dienen mussten ihnen aus einer Verlegenheit zu helfen, in die sie ihre Geradheit und die Bosheit ihrer Feinde gebracht hat. Wie politisch klug ist doch der gute Wille! Wie klug in seiner Schlichtheit, wie gewandt in seiner Einfalt und Offenheit, wie verborgen und geheimnisvoll in seiner Geradheit! Denke man an den jungen Tobias. Jung an Jahren, aber Raphael steht ihm zur Seite. Mit einem solchen Geleitsmann kann er unbesorgt vorangehen. Nichts erschreckt ihn; nichts mangelt ihm. Selbst die Ungetüme, denen er begegnet, liefern ihm Nahrung und Arznei. Ein Ungetüm, das in verschlingen wollte, wird von ihm selbst verzehrt. Er denkt nur an Brautschaft und Festgelage. Denn damit soll er sich nach der Anordnung der Vorsehung zur Zeit befassen. Wohl lasten auch andere Sorgen auf ihm; doch die überlässt er der Erkenntnis, die beauftragt ist, ihm in allem beizustehen. Seine Sorgen werden denn auch so gut erledigt, wie er es selbst nie gekonnt hätte. Lauter Segen und Glück bedecken seine Pfade. Die Mutter weint zwar und ist um ihn bekümmert; doch der Vater ist voller Glauben. Das Kind, um das sie bangten, kehrt heil und froh zurück und gerät mit allen Angehörigen in Verzückung. Aus der göttlichen Liebe kommt also alles Gute für Seelen, die sich ihr ganz überlassen. Dieses unschätzbare Gut wird stets gewonnen, wenn man es nur recht will. Ja, teure Seelen, Gott verlangt bloß euer Herz. Sucht ihr nur den Reichtum und das Land Gottes, so findet ihr es. Lebt euer Herz vollständig Gott hingegeben, so bildet er fortan selber diesen Reichtum und dieses Land, wonach ihr verlangt und das ihr sucht. Sobald man Gott und seinen Willen will, genießt man Gott und seinen Willen. Der Genuss entspricht dabei der Glut des Verlangens. Gott lieben heißt, aufrichtig ihn zu lieben wünschen. Weil man ihn liebt, verlangt man zum Werkzeug seines Wirkens zu werden, damit seine Liebe sich in uns und durch uns auswirken kann. Nicht nach der Gewandtheit der schlichten und heiligen Seele bemisst sich das göttliche Wirken. Es entspricht der reinen Absicht; nicht den getroffenen Maßnahmen noch den gefassten Plänen, noch dem Verfahren, das man einschlagen wollte, oder den Mitteln, die man wählte. In alledem kann sich die Seele täuschen, und es kommt nicht selten vor, dass sie sich wirklich täuscht. Doch ihre Geradheit und gute Absicht führen sie nie irre. Wenn Gott diese gute Einstellung in ihr vorfindet, so schenkt er ihr alles Übrige. Er sieht dann für getan an, was man unfehlbar täte, wenn bessere Einsichten den guten Willen begleiteten. So hat der gute Wille nichts zu fürchten. Strauchelt er, kann er nur an der allmächtigen Hand straucheln, die ihn führt und ihm auf all seinen Irrwegen zu Hilfe kommt. Diese göttliche Hand bringt ihn dem Ziel näher, wenn er sich davon entfernt; sie führt ihn auf den Weg zurück, den er etwa verlassen hat. An ihr findet die Seele Hilfe bei den Abweichungen, die der Anstrengung der blinden Seelenvermögen entspringen, die sie irreführen wollen. Gott gibt ihr zu verstehen, wie sehr jene Seelenvermögen verachtet werden müssen, dass auf Gott allein Verlass ist und man sich gänzlich seiner unfehlbaren Leitung hinzugeben hat. Die Irrwege, auf die gute Seelen geraten, enden also bei der Hingabe. Nie kann ein gutes Herz völlig verlassen dastehen; denn es ist ein Glaubenssatz, dass alles ihm zum Besten gereicht.

Wozu dienen die erhabensten Einsichten, wozu göttliche Offenbarungen, wenn man Gottes Willen nicht liebt? So stürzte Luzifer ins Verderben. Das Vorhaben des göttlichen

Wirkens, das ihm Gott offenbarte, als er ihm das Geheimnis der Menschwerdung enthüllte, stachelte nur seinen Neid auf. Umgekehrt wird eine schlichte und vom bloßen Glauben erleuchtete Seele nicht müde werden, Gottes Anordnungen zu bewundern, zu loben und zu lieben. Nicht bloß in den heiligen Geschöpfen wird sie diese entdecken, sondern selbst in der größten Verwirrung und Unordnung. Ein Körnchen reinen Glaubens spendet einer schlichten Seele mehr Licht, als Luzifer es durch all seine tiefen Einsichten hatte. Das Wissen einer Seele, die ihren Pflichten treu nachkommt, die dem Inneren Gnadenruf ruhig unterworfen ist, die sich allen gegenüber sanft und demütig benimmt: dieses Wissen wiegt schwerer als der tiefste Einblick in die Geheimnisse. Erblickte man nur Gottes Wirken im Stolz und in all der Härte geschöpflichen Vorgehens, man würde es nie anders als sanft und ehrfurchtsvoll über sich ergehen lassen. Dieses Vorgehen könnte noch so verkehrt sein, es vermöchte uns nicht zum Abweichen von Gottes Anordnungen zu bringen. Hat man darin doch einzig Gottes Wirken zu sehen; auch ein verkehrtes Vorgehen der Geschöpfe trägt dieses Wirken in sich und teilt es aus, wenn man getreu die Sanftmut und Demut übt. Man darf den Blick nicht auf den Weg richten, den die Geschöpfe einschlagen, sondern verharre unentwegt auf dem seinigen. So ihnen sanft begegnend, entwurzelt man Zedern und bringt Felsen zu Fall. Was vermöchte in den Geschöpfen der Kraft einer Seele zu widerstehen, die getreu, sanft und demütig ist? Wollen wir unsere sämtlichen Gegner unfehlbar besiegen, so brauchen wir ihnen nur mit diesen Waffen zu begegnen. Jesus Christus gab sie uns zur Verteidigung in die Hand. Versteht man sie zu gebrauchen, hat man nichts zu fürchten. Nicht feige, sondern edelmütig sein! Diese Einstellung allein passt zu göttlichen Werkzeugen. Alles, was Gott tut, ist erhaben und wunderbar. Nie wird das eigenmächtige Tun, das mit Gott Krieg führt, einem Menschen widerstehen können, der mit Gottes Wirken durch Sanftmut und Demut verbunden ist. Was war

Luzifer? Ein gewaltiger Geist, der am meisten erleuchtete aller hohen Geister. Aber ein gewaltiger Geist, der mit Gott und seinen Anordnungen unzufrieden war. Das Geheimnis der Bosheit bildet lediglich das Ergebnis dieser Unzufriedenheit, die sich auf alle mögliche Art und Weise äußerte. Hinge es von ihm ab, wollte Luzifer nichts so belassen, wie Gott es geschaffen und angeordnet hat. Wo immer er eindringt, sehen wir stets Gottes Werk entstellt. Ähnlich ist auch ein Mensch um so mehr zu fürchten, je mehr Einsichten, Wissen und Fähigkeiten er besitzt, falls ihm das Fundament der Frömmigkeit fehlt, das darin besteht, mit Gott und seinem Willen zufrieden zu sein. Durch das wohlgeordnete Herz ist man mit Gottes Wirken verbunden. Ohne es ist alles nur rein natürlich und läuft für gewöhnlich Gottes Anordnungen gerade zuwider. Eigentlich hat Gott keine anderen Werkzeuge als die Demütigen. Die Hochmütigen widerstreben ihm immerfort, wobei er sie freilich dennoch, aber sklavenartig, der Erfüllung seiner Pläne dienstbar macht. Sehe ich eine Seele, der Gott und die Unterwerfung unter seine Anordnungen alles bedeuten, so mag sie von allem Übrigen noch so sehr entblößt sein, sie zwingt mir dennoch das Geständnis ab: Das ist eine Seele, die zum Dienste Gottes vorzüglich veranlagt ist. Die allerseligste Jungfrau und der heilige Joseph waren so. Jede andere Einstellung macht mir Angst, falls diese fehlt. Ich vermute Luzifers Wirken dahinter. Ich bleibe misstrauisch und versenke mich tiefer in meine Einfalt, um sie allem Sinnfälligen entgegenzustellen, das in meinen Augen nur gebrechliches Glas ist.

Gottes Anordnungen bilden den Lebensinhalt der schlichten Seele. Sie achtet sie auch in den fehlbaren Handlungen, womit der Hochmütige sie zu demütigen sucht. Der Hochmütige verachtet eine Seele, in deren Augen er nichts gilt. Denn sie sieht nur Gott in ihm und seinem Tun. Zuweilen hält er ihre Zurückhaltung für ein Zeichen der Furcht vor ihm. In Wirklichkeit deutet die Zurückhaltung dieser Seele nur die liebende Furcht an, die sie vor

Gott und dessen Willen hat, der ihr im Hochmütigen entgegentritt. Nein, armer Tor, die schlichte Seele fürchtet dich nicht. Du
tust ihr nur leid. Sie antwortet Gott, wenn du meinst, sie rede mit
dir. Mit ihm glaubt sie es zu tun zu haben. Sie betrachtet dich
bloß als einen seiner Sklaven, oder vielmehr als ein Schattenge-
bilde, unter dem er sich verhüllt. Je mehr du so deine Stimme
erhebst, um so leiser spricht sie. Sie überrascht dich, wenn du sie
zu überraschen glaubst. Verschlagenheit und Gewalttätigkeiten
von deiner Seite bilden für sie Gunsterweise der Vorsehung. Der
Stolze ist sich selbst ein unfassbares Rätsel. Die schlichte, vom
Glauben erleuchtete Seele jedoch löst es sehr einfach. In dieser
Entdeckung des Wirkens Gottes in allem, was fortwährend in uns
und um uns geschieht, besteht die wahre Wissenschaft der Dinge.
Sie bildet eine fortlaufende Offenbarung der Wahrheit, einen
Umgang mit Gott, der sich stets erneuert, ein Genießen des Bräutigams, nicht im Geheimen, im Keller, im Weinberg, sondern frei
und offen, ohne Furcht vor irgendeinem Geschöpf. Sie ist ein
Quell des Friedens, der Freude, der Liebe und des Beglücktseins
von Gott, von dem man sieht, weiß oder vielmehr glaubt, dass er
in allem, was vorgeht, lebt und immer das Vollkommenste wirkt.
Sie ist das ewige Paradies, mag es auch vorderhand bloß in un-
förmigen und finstern Gegenständen wahrgenommen und genossen werden. Doch der Geist Gottes, der durch die fortwäh-
rende und fruchtbare Gegenwart seines Wirkens in diesem Leben
alle Bausteine zurechtlegt, wird beim Lebensende sprechen: „Es
werde Licht – Fiat lux." Dann zeigt es sich, welchen Reichtum der
Glaube in diesem Abgrund des Friedens und des sich mit Gott Be-
gnügens verbarg: mit Gott, der unaufhörlich alles durchdringt,
was es zu tun oder zu leiden gibt. Wenn Gott sich so schenkt, wird
alles Gewöhnliche ungewöhnlich. Daher kommt es, dass nichts
danach aussieht. Der ganze Weg ist eben ungewöhnlich. Infolgedessen braucht es keinen fremden Schmuck. Von kleinen Fehlern
abgesehen, liegt da ein ständiges Wunder, eine ständige

Offenbarung, ein ständiges Genießen vor. Doch ein Wunder, das alles Gewöhnliche und Sinnfällige wunderbar macht und so nichts augenscheinlich Wunderbares mehr an sich trägt.

Um das Verdienst der dem göttlichen Wirken treuen Seelen zu vermehren, verbirgt sich dieses hienieden unter äußerer Schwäche. Sein Triumph wird dadurch keineswegs in Frage gestellt. Die Weltgeschichte schildert letzten Endes nur den Kampf, den die Mächte der Welt und Hölle von Anbeginn gegen die Seelen führen, die sich dem Wirken Gottes demütig unterwerfen. In diesem Kampf scheinen alle Vorteile auf Seiten des Hochmuts zu liegen. Und doch behält die Demut stets die Oberhand. Frau Welt wird als Bildsäule aus Gold, Erz, Eisen und Lehm dargestellt. In diesem Geheimnis der Bosheit, das Nebukadnezar im Traume schaute, ist schließlich bloß alles innere und äußere Tun der Kinder der Finsternis, bunt durcheinandergewürfelt, angedeutet. Auch durch das Tier, das dem Abgrund entsteigt, werden die Bösen vorgebildet. Es sagt dem Menschen, der ein Innenleben führt, den Krieg an von Anbeginn. Noch heute bildet alles nur die Fortsetzung dieses Krieges. Ein Ungetüm folgt dem anderen. Der Abgrund verschlingt sie und speit sie wieder aus. Neue Dämpfe entsteigen ihm unablässig. Der Kampf, der im Himmel zwischen Luzifer und dem heiligen Michael begann, währt fort. Das Innere jenes hochmütigen und neidischen Geistes wurde zu einem unerschöpflichen Abgrund alles denkbaren Bösen. Er hetzt im Himmel Engel gegen Engel auf. Seit dem Schöpfungsmorgen geht sein ganzes Bemühen dahin, unter den Menschen immer neue Missetäter zu bekommen, die denen nachfolgen, die der Abgrund verschlang. Luzifer ist der Führer aller, die dem Allmächtigen nicht folgen wollen. Ein Geheimnis der Bosheit, das genau die Kehrseite der Anordnung Gottes bildet. Es ist die Anordnung oder vielmehr die Unordnung des Teufels. In dieser Unordnung liegt ein Geheimnis verborgen. Unter schönem Schein birgt sie unheilbares und endloses Weh. Alle Gottlosen, von Kain angefangen bis zu denen, die heute in der Welt hausen, haben Gott den Krieg erklärt. Scheinbar aber waren es große, mächtige Fürsten, die viel Aufhebens in der Welt machten und von den Menschen angebetet wurden. Trügerischer Schein, unter dem ein Geheimnis schlummert! In Wirklichkeit handelt es sich um Tiere, die der Reihe nach dem Abgrund entstiegen und Gottes Anordnungen zu vereiteln suchten. Doch diese Anordnungen, die ein anderes Geheimnis sind, warfen ihnen immer wieder wahrhaft große und machtvolle Menschen entgegen, die den Ungetümen den Todesstoß versetzten. Spie die Hölle neue aus, rief auch der Himmel neue Helden auf das Schlachtfeld sie zu bekämpfen. Die ganze Religions- und Profangeschichte stellt nur die Geschichte dieses Ringens dar. Gottes Anordnungen blieben immer siegreich. Wer sich auf ihre Seite stellte, konnte von jeher mit ihnen triumphieren und wird ewig selig sein. Nie vermochte die Schlechtigkeit die Abtrünnigen zu beschützen. Sie zahlte ihnen stets nur den Sold des Todes, eines ewigen Todes aus. Man glaubt immer unbesieglich zu sein, wenn man hinter der Gottlosigkeit herläuft. Aber wie dir widerstehen, o Gott! Hätte eine einzige Seele Hölle und Welt gegen sich, unter dem Fähnlein der Hingabe an Gottes Anordnung brauchte sie nichts zu fürchten. Die ganze pompöse Aufmachung der Gottlosigkeit, die so drohend aussieht, das goldene Haupt, der silberne, eherne, eiserne Leib: ein eitles Wahngebilde von leuchtendem Staub. Ein Steinchen genügte, es in alle Winde zerstieben zu lassen. Wie wunderbar vermag doch der Heilige Geist alle Zeiten aufzuführen. Denke man an die Umwälzungen, worunter die Menschen so leiden, an die Großen, die selbstherrlich auftreten und meteorgleich auf die anderen niedersausen, denke man an all die außerordentlichen Ereignisse: alles nur ein Traum! So schaurig der Eindruck gewesen war, den das Traumbild auf ihn gemacht hatte, entsann sich Nebukadnezar beim Aufwachen nicht mehr seines Inhaltes. Alle Ungetüme kommen bloß zur Welt, um den Mut der Kinder Gottes zu stählen. Ist dieses Ziel erreicht, macht Gott diesen die Freude, das Ungetüm zu erlegen. Neue Kämpfer werden von Gott aufs Schlachtfeld gerufen. Dieses Leben ist ein fortwährendes Schauspiel, das den Himmel ergötzt, die Heiligen auf Erden befestigt, die Hölle zuschanden werden lässt. So macht alles, was sich Gottes Anordnungen widersetzt, diese nur um so anbetungswürdiger. Jeder Diener der Bosheit amtet als Sklave der Gerechtigkeit. Gottes Wirken baut das himmlische Jerusalem aus den Steinen Babylons.

GEISTLICHE RATSCHLÄGE

3.1 Wie man zu einer vollkommenen Gleichförmigkeit mit dem Willen Gottes gelangen kann[1]

Zu Beginn jeden Tages, beim Gebet, bei der Messe, bei der heiligen Kommunion beteuern Sie Gott, dass Sie ihm restlos angehören wollen. Versichern Sie ihm, dass Sie sich bemühen wollen, sich ganz in den Gebetsgeist und ins innere Leben zu vertiefen.

Richten Sie Ihr Augenmerk in erster Linie darauf, sich sogar in den geringfügigsten Dingen Gottes Willen zu unterwerfen. Auch bei den ärgerlichsten Vorkommnissen und bei den düstersten Zukunftsbildern beteuern Sie ihm: „O mein Gott, von ganzem Herzen bin ich einverstanden mit dem, was dir gefällt. In allem ohne Ausnahme und für Zeit und Ewigkeit füge ich mich deinem Willen. Zwei Gründe bewegen mich dazu, o mein Gott: Einmal, weil du der höchste Herr bist und es nur recht ist, dass dein Wille restlos in Erfüllung gehe; dann, weil mich der Glaube und eine tausendfache Erfahrung belehrt haben, dass alle deine heiligen Anordnungen nicht weniger liebenswert und wohltätig als gerecht und anbetungswürdig sind. Dagegen ist, was ich will, immer mit Blindheit geschlagen und verdorben. Mit Blindheit geschlagen, denn ich weiß ja nicht, was verlangen oder abweisen; verdorben, denn fast immer neige ich ja zu dem hin, was mir schadet. So entsage ich denn meinem Willen ein für allemal um mich ganz nach dem deinen zu richten. Verfüge über mich ganz, wie es dir gefällt.

Falls Sie in dieser demütigen Gesinnung verharren, wird Ihnen der Seelenfrieden erhalten bleiben, der dem geistlichen Leben zugrunde liegt. Sie bewahrt Sie davor, nach Fehlern und Nachlässigkeiten verwirrt und beunruhigt zu werden. Sie werden sie vielmehr mit demütiger und ruhiger Unterwerfung ertragen. Diese trägt mehr zu Ihrer Besserung bei als ein unruhiger Schmerz, der Sie nur schwächen und entmutigen könnte.

Denken Sie nicht mehr ans Vergangene, sondern bloß ans Gegenwärtige und Zukünftige. Grübeln Sie in keiner Weise über Ihre Beichten nach. Klagen Sie sich nur über Fehler an, die Ihnen nach einer halben Viertelstunde Gewissenserforschung einfallen. Es empfiehlt sich, der Anklage eine gröbere Sünde aus dem früheren Leben beizufügen. Die tiefere Reue, die bei dieser Anklage in Ihrem Inneren wach wird, bereitet Sie zum Empfang einer größeren Sakramentsgnade vor. Sie können sich gar nicht zu viel bemühen, alle Hindernisse aus dem Weg zu räumen, die Ihnen die häufige Beichte erschweren könnten.

Um der Unruhe zu entgehen, die aus dem Schmerz über Vergangenes oder aus der Furcht vor Zukünftigem kommt, merken Sie sich drei Dinge: Das Vergangene der übergroßen Barmherzigkeit Gottes anheimstellen; die Zukunft seiner liebevollen Vorsehung überlassen; die Gegenwart seiner Liebe zur Treue anvertrauen, womit wir seine Gnade beantworten. Amen.

Schickt Ihnen Gottes Güte etwas Lästiges, eine der Ihnen sonst so peinlichen Verdrießlichkeiten, so danken Sie zuerst Gott dafür als für eine große Gnade. Sie wird um so mehr zum großen

Werk Ihrer Vervollkommnung beitragen, je mehr die augenblickliche Beschäftigung dadurch gestört wird.

Trotz inneren Widerwillens begegnen Sie lästigen Leuten mit heiterem Gesicht. Ebenso solchen, die Ihnen etwas Verdrießliches mitteilen. Verlassen Sie ungesäumt das innere Gebet, die geistliche Schriftlesung, den Chor, die Tagzeiten, kurz, alles, um dorthin zu gehen, wohin die Vorsehung Sie ruft. Tun Sie alsdann, was man von Ihnen verlangt: ruhig, friedlich, ohne Hast und ohne saure Miene.

Haben Sie gegen einen dieser Punkte verstoßen, demütigen Sie sich sogleich innerlich darüber. Jedoch nicht mit der unruhigen Demut, die der hl. Franz von Sales so rügt, sondern mit einer sanften, friedlichen und milden Demut. Dieser Punkt ist für Sie wesentlich, wollen Sie Ihren Eigenwillen brechen und kein Sklave Ihrer äußern oder Inneren Andachtsübungen sein.

Es muss uns klar werden, dass wir erst dann zur wahren Gleichförmigkeit mit Gottes Willen gelangt sind, wenn wir fest entschlossen sind, ihm nach seinem Geschmack zu dienen und nicht nach dem unseren. Sehen Sie also in allem nur Gott, und Sie werden ihn überall finden, am meisten aber dort, wo Sie sich selbst am gründlichsten verleugnen. Sind Sie einmal überzeugt davon, zu nichts Rechtem fähig zu sein, so werden Sie keine Entschlüsse mehr fassen, sondern nur noch demütig zu Gott sagen: „Mein Gott, die Erfahrung hat mir hinlänglich gezeigt, wie unnütz all meine Entschlüsse sind. Gewiss habe ich zu sehr auf mich gebaut; so hast du mich denn recht beschämt. Ich gestehe, du allein kannst alles. Lass mich also dies oder jenes tun und gib mir zur rechten Zeit Gedanken, Antrieb und Willen dazu ein. Ohne dies brächte ich nichts zustande. Ich musste ja hierin schon so viele traurige Erfahrungen machen!"

Machen Sie es sich zur Gewohnheit, nach dieser demütigen Bitte augenblicklich oder etwas später alle um Verzeihung zu bitten, die Zeugen Ihres leichten Überbordens oder Ihrer Launenhaftigkeit waren. Es ist sehr wichtig für Sie, dass Sie diese Winke beachten, und zwar aus zwei Gründen: Erstens, weil Gott in Ihnen alles tun will; zweitens, weil Sie, einer geheimen Selbstüberhebung zufolge, mitten in so viel Elend nie alles gut auf Gott beziehen können ohne die millionenfache Erfahrung, zu allem Guten durchaus unfähig zu sein. Sind Sie aber einmal von dieser Tatsache recht durchdrungen, so werden Sie fast unwillkürlich bei allem Guten sagen: „O mein Gott, du bist es, der es durch deine Gnade in mir vollbringt." Bei allen Übeln: „Das bin wieder ganz ich!" Alsdann wird Gott seine ganz reine Glorie aus all Ihrem Tun haben. Denn es zeigte sich deutlich, dass er allein dessen Urheber war. So ist Ihr Weg: bedeckt mit Elend und Demütigungen für Sie; voller Preis und Dank für Gott. Ihm alle Ehre; Ihnen aller Nutzen. Wären Sie nicht höchst undankbar, wollten Sie nicht dankbar eine so gerechte und vorteilhafte Verteilung annehmen?

3.2. Das äußere Verhalten einer Seele, die zum Leben der Hingabe berufen ist[2]

Beim Erwachen seine Seele ganz zu Gott erheben. Sich vom Gedanken an seine göttliche Gegenwart durchdringen lassen und der Allerheiligsten Dreifaltigkeit nach dem Vorbild des großen hl. Franz Xaver huldigen: „Ich bete dich an, Gottvater, der mich erschaffen. Ich bete dich an, Gottes Sohn, der mich erlöst hat. Ich bete dich an, Heiliger Geist, der mich so oft geheiligt hat und noch heiligt. Aus reiner Liebe und dir zur größeren Ehre weihe ich dir mein kommendes Tagwerk. Ich weiß nicht, was mir heute alles bevorsteht, ob Leides oder Liebes, Freude oder Traurigkeit, Trost oder Kummer. Mag es sein, was dir gefällt, ich überlasse mich deiner Vorsehung und füge mich deinem Willen." Man achte sehr auf das, was uns zu Beginn des Tages am meisten bewegt und wozu uns die Gnade durch sanfte Eingebung innerlich am meisten hinzieht. Damit das Gebet dann beginnen. Dann sich schlicht dem Geist Gottes überlassen und dabei so lange verharren, als es ihm gefällt. Ahmen Sie jene gute Frau nach, die sagte: „Mein Gott, da du uns kein Brot geben willst, gib uns wenigstens Geduld." Leute, die sich im gewöhnlichen Gebetszustand befinden, der durch das Nachdenken gekennzeichnet ist, sollen sich den Schriftmeditationsgegenstand in Erinnerung rufen, den sie sich tags zuvor zurechtgelegt haben. Denn überließe man sich schon am Morgen allen möglichen zerstreuenden Gedanken, wirkte sich das auf den ganzen Tag aus, so wie eine schlecht gestellte Uhr den ganzen Tag über falsch gehen muss. Was die Kleidung betrifft, tun Sie alles Nötige, und das sauber; aber dann denken Sie nicht weiter daran. Vier Winke sollen Ihnen helfen, der heiligen Messe würdig, vollkommen, ja erhaben beizuwohnen. Sie haben sich nur das Kreuzesgeheimnis vorzustellen. Im Geiste den Kalvarienberg besteigen und betrachten, was da vorgeht, als sähe man es mit eigenen Augen. Bewundern wir da:

Die Gerechtigkeit Gottes, der seinen eingeborenen Sohn büßen lässt für die menschlichen Sünden, von denen doch kein Schatten auf ihm lag, deren Sühnung er aber übernommen hatte; welches Opferlamm und welche Sühne!

Gottes Größe, der eine solche Sühne brauchte;

Den Wert unserer Seele, die um einen derartigen Preis erkauft wurde;

Die ewige Seligkeit, die uns Jesus Christus verdient hat, und die ewige Verdammnis, wovon er uns befreite.

Wie müssen solche Gedanken in uns Glauben, Vertrauen, Demut, Reue, Dank und Liebe wachrufen! Wer eine derart eindringliche und erhabene Schriftmeditation nicht zu machen versteht, wende sich an die allerseligste Jungfrau, die bei diesem Geheimnis dabei war, an den hl. Johannes, an die hl. Magdalena, an den guten Schächer und an Jesus Christus selber, um ihm ihre Andacht zu bekunden und ihren schuldigen herzlichen Dank abzustatten angesichts seiner übergroßen und unfassbaren Liebe und Barmherzigkeit.

Über das innere Gebet habe ich nur zwei Dinge zu bemerken: Nehmen Sie es auf mit vollkommenem Gleichmut gegenüber Gottes Wohlgefallen, ob es gelingt oder ob Sie darin das Kreuz der Trockenheit, der Zerstreuungen und der Unfähigkeit zu tragen haben. Geht es leicht und empfinden Sie dabei Tröstungen, danken Sie Gott, ohne sich bei der Freude aufzuhalten, die es einem verschafft. Geht es nicht gut, sich Gott unterwerfen, sich demütigen und zufrieden und ruhig zurückziehen, selbst wenn es teilweise durch unsere eigene Schuld misslungen sein sollte. Vertrauen und Hingabe an seinen heiligen Willen aber verdoppeln. Diese beiden Winke befolgen und ausharren. Und Gott wird uns früher oder später die Gnade erweisen, wie es sich ziemt zu beten. Aber nie auch gar nie sich entmutigen lassen, mag es uns dabei noch so schlecht ergangen sein. In Bezug auf die Stundengebete nenne ich drei leichte und sichere Verrichtungsweisen. Die erste besteht darin, sich in Gottes Gegenwart zu halten, das Offizium sehr gesammelt und gottverbunden zu verrichten und von Zeit zu Zeit das Herz zu Gott zu erheben. Wer die Stundengebete so beten kann, sei um keine andere Weise besorgt.

Zweitens kann man auf die Worte achten, indem man mit dem Geist der Kirche verbunden bleibt: betet, wenn sie betet, seufzt, wo sie seufzt, sich belehren lässt von dem, was für uns lehrreich ist; lobt, anbetet, dankt: alles gemäß dem Sinn der einzelnen Verse, die man ausspricht.

Drittens lässt sich demütig denken: Ich bin jetzt mit heiligen Seelen im Gotteslob vereint. O hätte ich doch deren heilige Seelenverfassung! Dann sich im Geiste tief unter sie versetzen und davon durchdrungen sein, dass sie ganz anders mit Gott verbunden und mit Andacht und Eifer erfüllt sind als wir. Eine solche Einstellung ist der göttlichen Majestät sehr angenehm. Wir können sie uns gar nicht genug anzueignen suchen. Was die Beichte betrifft, sollte man sich meines Erachtens fest vornehmen, sich nie darüber zu beunruhigen, noch sich durch sein Elend oder seine Sünden aus der Fassung bringen zu lassen. Sogar der Schmerz über unsere Sünden muss, nach einem Wort des hl. Franz von Sales, in den Frieden einmünden. Also etwa folgendermaßen vorgehen: Vor allem ein großes Vertrauen auf Gottes endlose Güte haben. Sich dabei erinnern, dass seine Barmherzigkeit all seine übrigen Werke übertrifft; dass er seine Ehre darein setzt, uns zu verzeihen; dass er sich aber nicht großzügig erweisen kann, wenn wir es an Vertrauen auf ihn fehlen lassen. Er liebt die Schlichtheit, die Einfalt und die Geradheit. Nähern wir uns ihm stets durchaus vertrauensvoll, trotz all unserer Schwächen, Mängel und Untreue. Dadurch gewinnen wir sein Herz. Denen, die sich seiner Güte und Liebe ausliefern, verzeiht er alles. Verwenden Sie höchstens eine halbe Stunde auf die Vorbereitung. Mehr hieße Zeit vergeuden und dem Teufel Gelegenheit geben, in Ihrem Herzen Unruhe zu stiften. Das müssen Sie aber unbedingt vermeiden. Denn der tiefe Herzensfriede ist ein Baum des Lebens; er bildet die wahre Grundlage des Innenlebens und die wesentlichste Voraussetzung zum Gebet der Sammlung und des Inneren Schweigens. Also höchstens die erste Viertelstunde zum Erforschen Ihrer Fehler verwenden. Alles, was Sie nach dieser Erforschung noch übersehen haben sollten, kann als nicht geschehen gelten und wird Ihnen verziehen. Die letzte Viertelstunde mit der Reue über Ihre Fehler zubringen.³

Bitten Sie dabei Gott um diese Gnade und suchen Sie diese Reue ganz sanft und ohne jede geistige Anstrengung dadurch zu erwecken, dass Sie an Gottes Güte und an seine übergroße Barmherzigkeit Ihnen gegenüber denken. Hieß er Sie doch die Welt verlassen, wo Sie verlorengegangen wären, und berief er Sie zum Ordensleben, wo Sie Ihr Seelenheil so leicht wirken können! Wie barmherzig war er ferner, als er Sie nicht im Zustand der Sünde sterben ließ, als er Sie von einem lauen und unvollkommenen, schwachen und matten Leben loslöste, wo Ihr Seelenheil, selbst im Ordensleben, sehr gefährdet war! Nachdem Sie einige Augenblicke mit solchen Erwägungen zugebracht, denken Sie daran, dass die Reue ihrem Wesen nach nicht fühlbar ist, sie ist rein geistig. Anderseits ist ein fühlbarer Schmerz so vieldeutig, dass man gewissen Sündern trotz aller gegenteiligen Beteuerungen zuweilen doch die Lossprechung verweigern muss, weil ein Schmerzausbruch mit der freiwilligen Anhänglichkeit an die Sünde, selbst an die Todsünde, zusammengehen kann. Das sicherste Zeichen wahren Seelenschmerzes, bei dem wir sogar die größten Sünder lossprechen, liegt darin, dass diese willens sind, nicht mehr in die schweren Sünden zurückzufallen, die sie anzuklagen hatten. Sagen Sie sodann Gott aus tiefstem Herzensgrund: „Herr, ich hoffe, du hast mir die Gnade der notwendigen Reue geschenkt. Demütig bitte ich dich um Verzeihung für alle begangenen Sünden. Ich verabscheue sie, soviel ich kann, um des Abscheus willen, den du selber davor hast. Du siehst, o mein Gott, ich bin tief betrübt, sie begangen zu haben und dennoch nicht all den Schmerz darüber zu empfinden, den ich darüber haben sollte. Ich unterwerfe mich hierin deiner Zulassung. Du verbirgst uns diesen Schmerz, auch wenn du ihn uns gibst, damit wir nie der Verzeihung ganz sicher seien und nie ganz gewiss, uns im Gnadenzustand zu befinden. Es gefällt dir, uns in dieser demütigen

Abhängigkeit zu belassen. Der Glaube und die heilige Hoffnung, diese beiden Wege, auf denen du uns führen willst, sollen Spielraum haben. So sind wir gezwungen, uns zufriedenzustellen mit deiner übergroßen Barmherzigkeit; uns in sie zu versenken; uns ihr blindlings, bedingungslos und vollständig hinzugeben. Das tu ich jetzt, o mein Gott, von ganzem Herzen. Ja, Herr, von ganzem Herzen stütze ich mich einzig auf dich. Ich nehme diesen Zustand schrecklicher Ungewissheit an, worin du alle Menschen belassen willst, selbst die größten Heiligen und deine ausgesprochenen Lieblinge." Um auf die Anklage der Sünden zu kommen: Beschuldigen Sie sich einfach in wenig Worten der Verstöße, an die Gott Sie erinnert. Alles andere seiner reichen Barmherzigkeit anheimstellen, ohne sich auch nur im geringsten zu ängstigen über Unbekanntes oder etwa Vergessenes. Zum Schluss können Sie eine größere Sünde des früheren Lebens wiederholen. Das soll Ihnen den wirklichen Empfang der Sakramentsgnade hinreichend verbürgen. Ein solches Verhalten kann Ihnen, wie manchen anderen, die Übung der häufigen Beichte erleichtern. Um jedoch noch mehr jede Beunruhigung über Vergangenes oder Zukünftiges auszuschalten, folge hier ein wichtiger Grundsatz in drei Worten. Die Vergangenheit der übergroßen Barmherzigkeit Gottes anheimstellen. Die Zukunft seiner liebevollen Vorsehung überlassen. Die Gegenwart durch Ihre Treue, unterstützt von der Gnade, völlig der Liebe Gottes anvertrauen. Nur durch Ihre eigene Schuld könnte Ihnen die Gnade je fehlen.

Beim Empfang der Lossprechung soll Sie folgender Gedanke beseelen. Werfen Sie sich im Geiste am Fuße des Kreuzes nieder, küssen Sie innerlich die heiligen Fußwunden des Erlösers und sprechen Sie: „O mein Gott, ich bitte dich nur um einen einzigen Tropfen des kostbaren und anbetungswürdigen Blutes, das du vollständig zu meinem Heil vergossen hast. Lass also in deiner Güte diesen kostbaren Tropfen in meine sündige Seele fallen.

Wasche sie mehr und mehr von ihren Sünden rein, besonders von den schwersten Sünden meines früheren Lebens, für die ich dich noch millionenfach demütig um Verzeihung bitte. Ich hoffe fest, diese Verzeihung von der übergroßen Barmherzigkeit zu erlangen, die schon so oft und so wunderbar mir verächtlichem und elendem Geschöpf zuteil geworden ist." Ist das geschehen, verbiete ich Ihnen im Namen Gottes, noch je freiwillig an die abgelegte Beichte, an Ihre Sünden oder an die Reue zu denken, um nachzugrübeln, ob Ihnen wohl alles verziehen worden sei und ob Sie die Gnade erhielten. Das ist ein Geheimnis, dessen Kenntnis sich Gott allein vorbehalten hat. Ständig missbraucht es aber der Teufel, um die Seelen zu plagen und zu beunruhigen und sie so Zeit verlieren zu lassen. Er raubt ihnen dadurch den süßen inneren Frieden, diese beste Seelenverfassung für die heilige Kommunion, ohne die man vom göttlichen Gastmahl fast ohne jeden Gewinn hinweggeht. In solcher Verfassung empfängt man Jesus Christus mit gequältem und verängstigtem Herzen. Der Geschmack für diese göttliche Speise muss dann fast völlig fehlen. Sogar ausgesprochener Widerwille stellt sich bisweilen ein; doch wir sind selber daran schuld, da wir uns durch tausend eitle Dinge, womit der Teufel unser Herz erfüllte, freiwillig beunruhigen ließen. Anstatt dessen hätten wir sie zurückweisen und verachten sollen, hätten sie wegwerfen sollen, wie man einen Stein ins Meer wirft. Für die heilige Kommunion mögen zwei Winke genügen. Vor der Kommunion Martha sein; nach der Kommunion Maria sein. Mit anderen Worten, sich durch eifrige Betätigung der Standestugenden und guten Werke vorbereiten, ohne Unruhe jedoch und ohne Übereilung. Nachher sich in Jesus Christus, seine unendlichen Verdienste und seine Liebe versenken. Mit ihm durch diesen unaussprechlichen Frieden vereinigt bleiben, der jedes Gefühl übersteigt. Die Natur sucht sich zweifellos in allem selber, sogar in den Tugenden und besten Andachtsübungen, wie in dem, wozu uns die Notwendigkeiten des Lebens veranlassen. Das ließ die Heiligen fortwährend aufseufzen, auf der Hut sein und sich selber als ihren Todfeind betrachten. Besonders achte man auf Dinge, für die wir Anhänglichkeit verspüren. Wir müssen also bereit sein, zu opfern, was uns behagt, den vernünftigen Wünschen der Mitmenschen nachzugeben und besonders, zu gehorchen. Gottes Wille muss immer vor unseren Wünschen kommen, so heilig sie uns scheinen.

3.3 Verhalten zum seelischen Fortschritt[4]

Man gelangt zu Gott durch die Aufgabe seiner selbst. Halten wir uns so tief, dass wir in unseren eigenen Augen verschwinden.

Je mehr wir alles, was nicht Gott ist, aus uns verbannen, um so mehr erfüllen wir uns mit Gott. Dort, wo wir uns nicht mehr finden, finden wir Gott. Wir können unserer Seele in diesem Leben keine größere Wohltat erweisen, als sie mit Gott zu erfüllen.

Die Übung der vollkommenen Selbstaufgabe besteht darin, auf nichts anderes mehr bedacht zu sein, als sich selber völlig abzusterben, um Gott in uns leben und wirken zu lassen.

Sich Gott in voller Selbsthingabe unterwerfen und sich im Abgrund seines Nichts verlieren, um sich nur noch in Gott wiederzufinden: das ist das Vollkommenste, das wir überhaupt tun können. Das Mark aller anderen Tugenden liegt darin enthalten. Dies bildet das einzig Notwendige, das unser Herr in seinem Evangelium empfiehlt. O reiches Nichts, dass man dich nicht kennt! Je mehr sich die Seele aufgibt, um so kostbarer wird sie in den Augen Gottes.

Sich in seinem Nichts verlieren bildet das sichere Mittel, sich in Gott wiederzufinden. Unsere Übung sei also ein einfaches An-Gott-Denken, ein tiefes Vergessen unserer selbst und ein demütiges und liebendes sich hingeben an Gottes Willen. Durch diese Übung allein vermögen wir jedem Übel auszuweichen, und so wird uns alles ersprießlich, heilsam, unendlich verdienstlich und Gott wohlgefällig.

Man mache keinen Unterschied zwischen der Ruhe und der Inneren und äußern Arbeit. Beide decken sich, falls man in der vollkommenen Hingabe und in der Inneren Ruhe verharrt. Das ist wohl zu merken.

Bei unserem Umgang mit den Geschöpfen sich losgelöst benehmen, so dass man uns eine unendliche Entfernung von jeder Gefühligkeit anmerkt. Es ist kaum zu fassen, wie wenig schon genügt, um eine Seele dadurch aufzuhalten, und zwar für lange, oft sogar auf Lebenszeit. Ein Nichts ist imstande die wunderbarsten Fortschritte, die man in der Gnade machte, zu hemmen. O wie wünscht Gott, soll er sich mit der Seele vereinigen, eine große Leere von allen Bestrebungen der Natur selbst den kleinsten!

Gerade bei den ärgerlichsten und widerlichsten Vorkommnissen kann man die größte Loslösung an den Tag legen und sich tiefer im Vertrauen auf die Erstursache (Gott) durch den Verlust der Zweitursachen (der Geschöpfe) befestigen. Fügen wir uns also in jeden Verlust außer in den Verlust Gottes.

In allen Angelegenheiten und bei Begegnungen jeder Art soll uns alles, außer Gott, nichts bedeuten; Gott allein muss unser alles sein.

Überstürzen wir nie etwas. Nichts bedrücke unser Herz. Wo nur ein Nichts vorhanden ist, gibt es weder Überstürzung noch Beklommenheit, sondern nur eine friedliche und unwandelbare Leere. Dahin sind wir gekommen, sobald wir uns an nichts Geschaffenes mehr hängen. Wir werden glücklich uns finden, sobald wir aufhören, uns zu suchen. Verlieren wir alles, um alles zu finden.

Beschränken wir uns auf die Einheit, die Gott ist. Was er nicht ist, ist nicht, was wir wünschen. Wenn wir uns mit dieser erhabenen Einheit zufriedenstellen, werden wir uns über alles andere nicht mehr beunruhigen. O wie diese Wahrheit, falls sie gut begriffen und in die Tat umgesetzt wird, viele Dinge entfernt, sogar solche, die uns gut, heilig und notwendig vorkommen, die uns aber im Grunde schaden, anstatt uns näher zum Ziel zu führen, nämlich eins zu werden mit der höchsten Einheit.

Machen wir uns den Wahlspruch des seligen Bruders Ägidius von Assisi zu eigen: Einer zu Einem, eine einzige Seele zu einem einzigen Gott. Gehen wir noch weiter und verlieren wir uns selbst in dieser Einheit. Vergessen wir alles und erinnern wir uns nur noch der Einheit, der göttlichen Einheit, der unendlichen Einheit. Gott allein! Das Wort Einheit ist ein leuchtendes Wort. Es wird uns auf alle Vielfalt und alles Nebensächliche verzichten lassen. Es ist überaus wirksam, um uns vollkommen mit Gott zu vereinigen und mit allem, was er von uns will. Wir werden sehr viel Gnade, Licht, Unschuld, Heiligkeit und Glück daraus schöpfen.

3.4 Wie man sich nach Fehlern verhalten soll

Man soll vor Gott den Staub seiner Fehler demütig ertragen. Nach einer Untreue oder Überraschung in seinem Nichts verharren, in heiliger Selbstverachtung. Darin liegt der große Vorteil, den uns Gott sogar aus unseren Fehlern ziehen lässt.

Bis zum Übermaß gesteigerte Angst nach gleich welchen Fehlern kommt offenbar vom Teufel her. Anstatt sich dieser gefährlichen Täuschung hinzugeben, weise man sie sehr entschieden zurück. Man lasse eine solche Beunruhigung fallen, wie man einen Stein ins Meer versenkt, und befasse sich nie mehr freiwillig damit. Sollten jedoch, durch Gottes Zulassung, derartige Angstgefühle stärker sein als der Wille, nehme man zum zweiten Heilmittel seine Zuflucht: sich in Frieden kreuzigen zu lassen, wie Gott es zulässt. So taten die Blutzeugen, wenn sie sich ihren Henkern überließen.

Was wir eben über die Furcht bemerkten, die von unseren gröberen Verstößen kommt, gilt gleichermaßen vom Unbehagen, das der Häufigkeit unserer kleinen Übertretungen entspringt. Auch dieses Unbehagen rührt vom Teufel her. Wir müssen es also verachten und als eigentliche Versuchung bekämpfen. Es kommt jedoch vor, dass sich Gott bei gewissen Seelen dieser Beklemmung und dieses übermäßigen Schreckens bedient, um sie zu prüfen, zu reinigen und sich selbst absterben zu lassen. Gelingt es einem also nicht, diese Beklemmung aus seinem Geiste zu verbannen, so bleibt kein anderes Mittel übrig, als sich ruhig kreuzigen zu lassen im Geiste vollkommener Hingabe an Gottes Willen. So wird man Frieden und Ruhe in einem Herzen wiedergewinnen, das sich wirklich dem Willen Gottes überlassen hat.

Auch die Befürchtungen hinsichtlich der Verrichtung der kirchlichen Stundengebete bilden bloß eine Versuchung. Es ist ja nicht nötig, ständig auf das Gebetete achtzuhaben. Damit das Gebet sein volles Verdienst besitze, genügt eine allgemeine Aufmerksamkeit. Diese liegt schon in der aufrichtigen Absicht, gut zu beten, die zu Beginn vorhanden war und durch keine freiwillige Zerstreuung widerrufen wurde. So ist es möglich, die Stundengebete zu verrichten, während man geduldig unter fortwährenden unfreiwilligen Zerstreuungen leidet. Das Unbehagen, das diese Zerstreuungen verursachen, geht ja offenbar nur aus dem Verlangen hervor, gut zu beten. Also liefert es den besten Beweis, dass dieses Verlangen im Grunde des Herzens stets vorhanden war. In diesem Verlangen besteht das gute und wahre Gebet. Mag es der Seele der Verwirrung wegen, die die Zerstreuungen ihr verursachen, verborgen bleiben, so besteht es dennoch und Gott kennt es genau. Er erweist uns dann eine doppelte Gnade: Erstens erhört er ein solches Beten, wie er jedes gut verrichtete Gebet erhört. Ferner verbirgt er es uns, um uns in allem und überall abzutöten.

3.5 Versuchungen und innere Leiden

Große Versuchungen stellen in Gottes Absicht für die Seele große Gnaden dar. Sie bilden ein inneres Martyrium. In ihnen bestehen die großen Kämpfe und Siege, denen wir die großen Heiligen verdanken.

Der lebhafte Schmerz und die schreckliche Qual, die eine Seele bei Versuchungen durchmacht, beweisen klar, dass sie nicht zustimmte, wenigstens nicht voll und ganz, mit Wissen und Willen, was ja zur Todsünde nötig ist.

Bei der Heftigkeit und dem Dunkel, wovon häufige Versuchungen begleitet werden, kann es vorkommen, dass eine Seele ermüdet und verwirrt wird und aus Schwäche, Nachlässigkeit, Überraschung oder etwas Leichtfertigkeit in kleinere Fehler fällt. Doch ich behaupte, dass sie trotz dieser kleinen Fehler mehr Verdienste hat, Gott angenehmer ist und im Grunde besser vorbereitet auf den Empfang der Sakramente, als Durchschnittschristen es sind die dank einer fühlbaren Andacht fast keinen Kampf durchmachen und sich kaum Gewalt antun müssen. Die Tugend der Erstgenannten ist weit solider, da sie durch härtere Prüfungen gegangen sind und noch gehen.

Wie immer derart versuchte Leute früher gesündigt haben mögen, wenn sie seit einigen Jahren festblieben und nie mehr frei willig einwilligten, machen sie auf Gottes Wegen um so größere

Fortschritte, als ihre Versuchungen sie mehr demütigen. Denn die Demut ist das Fundament alles Guten.

Die meisten Leute, die auf Gottes Wegen nur wenig vorangekommen sind, schätzen nur die Wirkungen der angenehmen und fühlbaren Gnade. Und doch kann man sicher sein, dass gerade die Wirkungen, die am härtesten demütigen, niederdrücken und kreuzigen, am meisten dazu angetan sind, die Seele zu reinigen und innig mit Gott zu vereinigen. Die Lehrer des geistlichen Lebens sind sich denn auch darüber einig, dass man viel größere Fortschritte durch Leiden als durch Tun macht.

Wie Gott die Weltleute durch zeitliche Trübsal und Wechselfälle bekehrt, prüft und heiligt, so bekehrt, prüft, reinigt und heiligt er für gewöhnlich Ordensleute durch innere Widerwärtigkeiten und Kreuze, die tausendmal schmerzlicher zu ertragen sind! Ich habe dabei im Auge: Trockenheit, Langeweile, Widerwillen, Niedergeschlagenheit, geistliche Ermattung, demütigende, lästige und heftige Versuchungen, übermäßige Furcht, sich im Stand der Todsünde zu befinden, Schrecken vor Gottes Strafgerichten und vor Verwerfung. Geistliche Bücher, Prediger, Seelenführer und gute Christen rühmen unablässig Weltleuten gegenüber den Vorteil der Heimsuchungen, ohne deren Hilfe viele von ihnen verlorengingen. Warum nicht dasselbe von den Inneren Kreuzen verkünden, ohne die eine Unzahl von Ordensleuten nie zu ihrer Standesvollkommenheit gelangt wären? Die tägliche Erfahrung lehrt, dass der gewöhnlichste und liebste Weg, den Gott die Ordensleute führt, derjenige großer innerer Prüfungen ist; gerade wie er Weltleute, die ihm teuer sind, durch zeitliches Unglück heimsucht. Wenn wir also den Weltleuten Geduld, Unterwerfung und einen liebenden Gleichmut bei ihren Schicksalsschlägen predigen, sagen wir uns das gleiche bei unseren Prüfungen und wenden wir die Lehren, die wir anderen so gut zu erteilen wissen, auch auf uns an. Kommen denn die Inneren Heimsuchungen nicht ebenfalls von Gott? Sind sie weniger schmerzlich und infolgedessen weniger heilsam? Verlangt Gott von uns eine geringere Unterwerfung und kann ihm unsere Geduld weniger angenehm sein?

Durch eine Wirkung seiner barmherzigen Weisheit, und um seine Auserwählten immer abhängiger von seiner Gnade vollkommener seiner Barmherzigkeit hingegeben und tiefer demütig zu erhalten, verbirgt ihnen Gott fast alle inneren Wirkungen seines göttlichen Geistes; ebenso die heilige Seelenverfassung, die er ihnen verleiht, die guten Gefühle, die er ihnen einflößt, und die eingegossenen Tugenden, womit er sie bereichert. Doch welche Mittel dienen ihm dazu? Bewundern wir da seine Weisheit und Güte! Er bedient sich ständiger und heftiger Versuchungen, der Verwirrung, die sie im Herzen hervorrufen, und der Furcht, die die Seelen empfinden, eingewilligt zu haben. Durch die geringfügigen Niederlagen, die sie erleiden, verbirgt er seinen Auserwählten die großen Siege, die sie erringen. Ihr glühendes Verlangen, gut zu kommunizieren, verhüllt er in der Angst vor unwürdigen Kommunionen. Ihre innige Liebe zu Gott verschleiert er durch die Befürchtung, ihn nicht genug zu lieben. Sogar geringe Fehler erfüllen sie mit größtem Abscheu. Er lässt sie betrübt sein über ständige Unvollkommenheiten, die sie zu begehen glauben. Er lässt es zu, dass ihnen ihre guten Werke samt und sonders als verpfuscht vorkommen und sie die ersten Regungen aller Leidenschaften fühlen, während sie fortwährend Siege davontragen. Sucht sie Gott jedoch noch so sehr in der Demut und Hingabe zu bewahren, so will er doch nicht, dass ihnen jede Tröstung und Stärkung bei ihren Prüfungen abgehe. Deshalb gibt er ihren Seelenzustand erleuchteten Seelenführern zu erkennen. Und so lange solche Seelen schlicht gehorchen, können sie sicher sein, keiner Täuschung anheimzufallen. Mit diesen Grundsätzen lassen sich leicht allfällige Zweifel über Kommunionempfang und Pflichterfüllung lösen.

Erste Regel: Die Furcht, die vor der heiligen Kommunion eintritt, soll nie davon fernhalten; besonders nicht, wenn der Beichtvater die Kommunion anordnet. Im Allgemeinen wird Gott nicht zulassen, dass er sich dabei täusche. Doch sollte er es, kann sich wenigstens das Beichtkind nicht täuschen, wenn es sich unterwirft; es wird kein Sakrilegium begehen. Denn der blinde Gehorsam gegenüber dem Seelenführer, der Gott zulieb im guten Glauben geleistet wird, kann uns nie irreführen. Verdoppelte Qualen und Versuchungen nach der Kommunion hemmen deren Wirkung nicht; sie vermehren sie vielmehr, wenn sie ruhig und gelassen erduldet werden und zugleich mit Abscheu vor dem Laster. Dieser Abscheu lässt sich aus der Pein ablesen, die uns die Versuchungen bereiten. Dieser Abscheu ist nie vorhanden, wenn jemand wirklich nachgibt. Bücher, die von den Wirkungen der Kommunion handeln und sich an Durchschnittschristen wenden, sprechen bloß von den gewöhnlichen Wirkungen. Es gibt jedoch besondere Fälle, wo sich gerade die entgegengesetzten fühlbaren Wirkungen einstellen. Dann ruft die Kommunion im Grunde eine weit kostbarere Wirkung hervor. Indem sie die Heftigkeit der Versuchungen und das lebhafte Gefühl unserer Schwäche steigert, vermehrt sie unsere Verdienste und bereichert unser Herz mit tiefster Demut.

Zweite Regel: Große Anstrengungen bei der Vorbereitung auf die Kommunion sind nur kraft ihrer Beweggründe gut und gottgefällig. Ihr Ergebnis ist jedoch bedauerlich; denn sie verwirren und erregen die Seele. Es heißt also, den Eifer jenes Verlangens mäßigen. Denn gegenüber Gott und den Dingen Gottes hat alles sanft, ruhig und ohne Anstrengung vor sich zu gehen. Die beste Vorbereitung auf die heilige Kommunion in diesem schmerzlichen Zustand liegt in der Geduld und Ergebung in dieses innere Martyrium. Also um jeden Preis den Frieden bewahren, in dem Gott wohnt und in dem es ihm zu wirken gefällt. Nicht die Gnade, sondern die Eigenliebe wollte uns dann von der

Kommunion fernhalten. Sie möchte den Qualen und Ängsten entrinnen, die Gott der Seele sendet, um in ihr die elende Eigenliebe zu ersticken. Somit furchtlos und sogar mit einer Art Freude zur Kommunion gehen, um sich diesen inneren reinigenden und dermaßen heiligenden Wirkungen auszuliefern. In der Folge wird man den größten Gewinn daraus ziehen. Jetzt verbirgt ihn Gott allerdings noch zugunsten der Seele. Diese bewahre also vor Gott die demütigende Haltung eines Verbrechers und eines Opfers seiner barmherzigen Gerechtigkeit. Darin besteht die wahre Vorbereitung dieser Seele; keine andere Einstellung verschafft ihr Frieden.

Dass sie scheinbar ganz verlassen ist, soll die Seele misstrauisch gegen sich selbst machen und sie bewegen, sich mit noch größerer Hingabe in die Arme Gottes zu werfen. Keine andere Stütze bietet sich; und sogar diese ist unsichtbar. Der Glaube muss ihr ganz allein genügen, ohne jede andere Stütze. Der niedere Teil der Seele kann dem Willen nicht zu Hilfe kommen. Gott erwartet in diesem Augenblick nur den freien Entschluss eines Willens, der sich stets fest in der Hand hat. Verspürt die Seele beim Nahen der Versuchung einen tiefen Abscheu, so liegt darin die beste Rechtfertigung für sie. Zahlreiche Einzelakte können sie dann nur verwirren und ermüden. Sie hält sich besser an diesen einen Akt, der alles besagt: „Herr, du bist allmächtig und die Güter selber. Du musst mich verteidigen und vor allem Bösen bewahren. Meine Kräfte übersteigt das; ich nehme alles Leid dir zuliebe an; nur bewahre mich vor jeder Sünde." Danach bleibe die Seele mitten im Sturm in Frieden. Durch die in Gott verborgene Gabe wird sie sich gestärkt fühlen, ohne zu wissen wie.

Dritte Regel: Sieht sich die Seele beim Inneren Gebet außerstande, zu denken und einzelne Herzenserhebungen zu erwecken, so darf sie das nicht betrüben. Das Beste am Gebet, ja sein

Kern, ist das Verlangen, es vorzunehmen. Das Verlangen leistet vor Gott alles, im Guten wie im Bösen. Nun steigert sich aber dieses Verlangen in ihr bis zur Unruhe. Es ist also nur zu glühend und bedarf der Mäßigung. Die Seele soll demnach beim Gebet in Frieden bleiben und es in Frieden verlassen. Anstatt vieler Entschlüsse sage sie bloß zu Gott: „Mein Gott, lass mich dies oder jenes Gute tun, dies oder jenes Übel meiden. Denn aus mir selber unternehme ich nichts. Zu sehr empfinde ich meine Schwäche. Und meine früheren Erfahrungen bürgen mir dafür, dass nichts geschieht, wenn nicht du durch die Kraft deiner Gnade in mir handelst." Was die gute Absicht betrifft, soll die hingegebene Seele nicht zu viele Akte erwecken und sich nicht verpflichtet fühlen, sie in Worte zu fassen. Am besten wäre es, sich mit dem Bewusstsein zufriedenzustellen, dass man einfältigen Herzens für Gott wirkt. Darin liegt die gute Absicht. Das Herz erweckt sie von selber unter einem inneren Antrieb, fast ohne daran zu denken; ähnlich wie Weltleute, ohne sich Rechenschaft davon zu geben, in allem darauf ausgehen, ihre Sinnlichkeit, Habsucht und Hoffart zu befriedigen. Gott sieht diese Absicht, die das Herz sich verbirgt, und die Strafe wird nicht ausbleiben. Der Kernsatz des geistlichen Lebens lautet: Innerlich und äußerlich alles in Frieden, ruhig und sanft tun, wie es der hl. Franz von Sales so oft empfiehlt. Sobald man einen Akt erwecken will, gilt er schon als erweckt. Denn Gott sieht alles, was wir wollen, bis in die innere Vorbereitung dazu. Unsere Absichten, sagt Bossuet, sind für Gott, was die Stimme gegenüber den Menschen ist; ein Aufschrei im Herzensgrund gilt ihm als Schrei zum Himmel. Übrigens sind alle Akte, die in der größten Geistesdürre erweckt werden, vorzüglich. Ja für gewöhnlich sogar besser und verdienstlicher als solche, die von fühlbarer Andacht begleitet werden. Die vorausschauende Erforschung erstrecke sich nur über die Unterwerfung unter Gott und die Hingabe an seinen heiligen Willen. Auch soll diese Übung weniger darauf hinauslaufen, ausgeprägte Akte hervorzurufen, als unser Herz in eine gewisse ständige erwartende Verfassung zu versetzen, wodurch es jederzeit und in jeder Lage Gott bekennt: Fiat, fiat – Ja, ich will es, ich nehme alles an, bewahre mich nur vor jeglicher Sünde. Ja, himmlischer Vater, und immer ja. Dieses Ja, recht von Herzen gesprochen, enthält in seiner gedrängten Kürze die größten Dinge und bringt die größten Opfer zum Ausdruck.

Gebete des hochwürdigen Paters de Caussade

Gebet um heilige Hingabe

O mein Gott, wann wirst du mir die Gnade erweisen, meinen Willen in unablässiger Vereinigung mit deinem anbetungswürdigen Willen zu halten, wo ich, ohne etwas zu sagen, alles sage, und alles dadurch tue, dass ich dich machen lasse, wo ich gewaltige Aufgaben bewältige, indem ich mich mehr und mehr deinem Wohlgefallen füge und dennoch jede Mühe dahinfällt, da ich dir die Sorge über alles überlasse und nur daran denke, in dir allein zu ruhen? Wann wird mir dieser köstliche Zustand zuteil werden, der, sogar wenn es der Seele an jedem fühlbaren Glauben gebricht, einen inneren und vergeistigten Wohlgeschmack enthält? Ich will also durch meine innere Einstellung fortwährend sagen: „Es geschehe!" Ja, mein Gott, ja, alles, was dir gefällt. Möge sich dein heiliger Wille in allem restlos erfüllen. Ich entsage meinem äußerst blinden, verkehrten und verdorbenen Eigenwillen, woran die leidige Ichsucht schuld ist, dieser Todfeind deiner Gnade und reinen Liebe, deiner Verherrlichung und meiner Heiligung.

Gebet zur Zeit der Versuchung

O mein Gott, bewahre mich durch deine Gnade vor jeder Sünde! Doch wegen der Pein, die meine Eigenliebe peinigt, und wegen der heilsamen Erniedrigung, die dabei meinen Stolz quält, nehme ich die Versuchungen von Herzen an. Nicht so sehr als Wirkungen deiner Gerechtigkeit, denn vielmehr als Wohltaten deiner großen Barmherzigkeit. Hab also Mitleid mit mir, mein Herr, und steh mir bei.

---

[1] Diese Ratschläge wurden 1731 an Schwester Maria Theresia de Vioménil gesandt

[2] Anweisungen des P. de Caussade an Schwester Charlotte Elisabeth Bourcier de Monthureux

[3] P. de Caussade schrieb diese Anweisungen in einer Zeit, wo viele glaubten, Beichte und Kommunion nur selten und nach langer Vorbereitung gestatten zu dürfen. In unserer Zeit wird meist eine kürzere Vorbereitung genügen.

[4] Auch diese Anweisungen wurden an Schwester Charlotte Elisabeth Bourcier de Monthureux gerichtet.